CADERNOS DE PROCESSO DO TRABALHO N. 14

PROVA

PARTE GERAL – I I

Manoel Antonio Teixeira Filho

Advogado — Juiz aposentado do TRT da 9ª Região – Fundador da Escola da Associação dos Magistrados do Trabalho do Paraná — Professor Emérito do Centro Universitário de Curitiba-Unicuritiba – Professor na Escola da Magistratura do Trabalho do Paraná — Membro do *Instituto Latinoamericano de Derecho del Trabajo y de la Seguridad Social* — do Instituto de Direito Social do Brasil —da *Société Internacionale de Droit du Travail et de la Sécurité Sociale*— do Instituto dos Advogados do Paraná — da Academia Nacional de Direito do Trabalho — da Academia Paranaense de Letras Jurídicas – do Instituto dos Advogados de São Paulo

CADERNOS DE PROCESSO DO TRABALHO N. 14

PROVA

PARTE GERAL – I I

De acordo com a Lei n. 13.467/2017 ('Reforma Trabalhista')

LTr®

LTr®

EDITORA LTDA.

Rua Jaguaribe, 571
CEP 01224-003
São Paulo, SP — Brasil
Fone (11) 2167-1101
www.ltr.com.br
Setembro, 2018

Produção Gráfica e Editoração Eletrônica: PIETRA DIAGRAMAÇÃO
Projeto de capa: FABIO GIGLIO
Impressão: BOK2

Versão impressa — LTr 6014.9 — ISBN 978-85-361-9798-2
Versão digital — LTr 9451.2 — ISBN 978-85-361-9824-8

Dados Internacionais de Catalogação na Publicação (CIP)

(Câmara Brasileira do Livro, SP, Brasil)

Teixeira Filho, Manoel Antonio

Cadernos de processo do trabalho, n. 14 : prova: parte geral, II / Manoel Antonio Teixeira Filho. – São Paulo : LTr, 2018.

Bibliografia.

1. Direito processual do trabalho 2. Direito processual do trabalho – Brasil 3. Prova (Direito) I. Título.

18-19519 CDU-347.9:331(81)

Índice para catálogo sistemático:

1. Brasil: Direito processual do trabalho 347.9:331(81)

SUMÁRIO

Capítulo XII – Revelia e produção de provas ... 7

1. Introdução ... 7

2. Exceções ... 12

2.1. Quando pretender elidir a revelia, perante o Tribunal ... 12

2.2. Quando se tratar de exame pericial obrigatório ... 13

2.3. Quando se tratar de liquidação mediante artigos ... 14

2.4. Na execução ... 15

Capítulo XIII – Produção antecipada de provas ... 17

1. Nota introdutória ... 17

2. Origem. O direito estrangeiro ... 19

3. Medidas preventivas e preparatórias ... 21

4. A ação de produção antecipada de provas ... 22

4.1. Cabimento da ação cautelar em exame ... 24

5. Valoração da prova produzida antecipadamente ... 29

6. O procedimento judicial ... 29

6.1. Petição inicial ... 29

6.1.1. Juízo a que é dirigida ... 34

6.1.2. Nomes, prenomes, estado civil, existência de união estável, profissão, número de inscrição no CPF ou no CNPJ, domicílio e residência do autor e do réu ... 35

6.1.3. O fato e os fundamentos jurídicos do pedido ... 36

6.1.4. O pedido e suas especificações ... 39

6.1.5. A exigência de formulação de pedidos líquidos ... 40

6.1.6. Valor da causa ... 49

6.1.7. As provas com que o autor pretende demonstrar a verdade dos fatos alegados ... 55

6.1.8. A opção do autor pela realização ou não de audiência de conciliação ou de mediação ... 57

7. Citação dos interessados ... 60

8. A atuação do oficial de justiça ... 76

9. Ausência de pronunciamento do juiz sobre o fato (§ 2º) ... 82

10. Cumulação de provas (§ 3º) ... 82
11. Ausência de defesa ou de recurso (§ 4º) ... 82
12. Os autos do procedimento ... 83
Capítulo XIV – Produção de provas em ação rescisória ... 84
Capítulo XV – Prova e cognição ... 89
Capítulo XVI – Dos deveres processuais das partes e de terceiros ... 95
1. Deveres das partes ... 96
1.1. Expor os fatos conforme a verdade ... 96
1.2. Não formular pretensão ou de apresentar defesa quando cientes de que são destituídas de fundamento ... 103
1.3. Não produzir provas e não praticar atos inúteis ou desnecessários à declaração ou à defesa do direito ... 103
1.4. Cumprir com exatidão as decisões jurisdicionais, de natureza provisória ou final, e não criar embaraços à sua efetivação ... 103
1.5. Declinar, no primeiro momento que lhes couber falar nos autos, o endereço residencial ou profissional onde receberão intimações, atualizando essa informação sempre que ocorrer qualquer modificação temporária ou definitiva ... 104
1.5.1. Inovação do estado de fato ... 104
1.5.2. Ilegalidade do ato inovador ... 105
1.6. Dever de praticar ato que lhe for determinado ... 105
1.7. Outros deveres ... 106
1.8. Deveres de terceiros ... 106
1.8.1. Dever de informar ao juiz ... 106
1.8.2. Dever de exibir documento ou coisa ... 107

Capítulo XII

REVELIA E PRODUÇÃO DE PROVAS

1. Introdução

A revelia constitui, sem dúvida, um dos temas que, ao longo dos anos, maior controvérsia provocaram nos planos doutrinário e jurisprudencial — seja internamente, seja entre um e outro — inspirando, até mesmo, que juristas dedicassem ao problema obras específicas(1).

Parece razoável supor que a causa de uma tão profunda disputa tenha residido (e de certa forma ainda resida) no fato de o Direito Processual do Trabalho se haver descuidado de sistematizar esse poliédrico instituto, bastando ver que a CLT a ele faz apenas perfunctória referência em seus arts. 844, *caput*, e 852, segunda parte.

Reconhecemos, entretanto, que essa cizânia, nos dias de hoje, apresenta caráter tópico, na medida em que muitos dos pontos outrora controvertidos se encontram sepultados por força de judiciosos acertamentos realizados, principalmente pela inteligência jurisprudencial. Não pretendemos, por isso, neste momento, revolver antigas discussões sobre a matéria, já cobertas pela pátina do tempo. O interesse que a revelia, como *fato processual* de extrema significação, apresenta para esta obra se circunscreve, somente, aos *efeitos* que provoca, ou pode provocar, no campo da prova.

A revelia provém, como sabemos, da *ausência de contestação* do réu (CPC, art. 344); a essa incúria da parte passiva, a CLT adjunge a consequência da *ficta confessio* (art. 844, *caput*), de sorte a gerar a presunção de veracidade dos fatos narrados pelo autor. Não é correto afirmar que a revelia traduz ausência de *resposta* do réu. Ora, a resposta do réu, no sistema do processo do trabalho, compreende a exceção, a contestação e a reconvenção. No do CPC, apenas a contestação (arts. 335 a 342) e a reconvenção (art. 343). Pois bem. Se revelia fosse ausência de *resposta*, deveríamos concluir que se o réu não oferecesse exceção ou reconvenção (quando fosse o caso, por certo), seria revel. Nada mais equivocado, porquanto, desde que houvesse contestação à ação, o fato de não

(1) Osíris Rocha. *Revelia* — Contradições e Justificativas. São Paulo: LTr, 1972.

excepcionar, nem reconvir, não o tornaria revel. Logo, só haverá revelia quando o réu deixar de *contestar*, no prazo legal.

Por outro lado, estabelece a Súmula n. 122, do TST: "A reclamada, ausente à audiência em que deveria apresentar defesa, é revel, ainda que presente o seu advogado munido de procuração, podendo ser ilidida a revelia mediante a apresentação de atestado médico, que deverá declarar, expressamente, a impossibilidade de locomoção do empregador ou do preposto no dia da audiência" (destacamos).

Sobre a referida Súmula, escrevemos em outro livro:

> Cremos não haver nenhum excesso em nossa opinião quanto a ser esta uma das mais desacertadas Súmulas do TST (na parte destacada), de quantas foram adotadas por esse Tribunal. Com efeito, se o advogado do réu comparece à audiência, portando contestação ou pretendendo aduzi-la, oralmente, é evidente, é elementar que o réu jamais poderá ser considerado revel, pois a revelia traduz, exatamente, a *ausência injustificada de contestação*. Ora, chega a ser surrealista o entendimento de ser revel quem está desejando defender-se em juízo. O máximo que se poderia admitir, na situação prevista na Súmula, é que o réu seria confesso, em virtude da ausência do preposto. Desta forma, cumpriria ao juiz receber a contestação e os documentos que, acaso, a instruíssem, dando vista à parte contrária, pelo prazo que assinar. A propósito, se levarmos à risca a situação em exame, veremos que o réu nem mesmo deveria ser considerado confesso. Ao contrário do que se possa imaginar, o argumento de que nos valemos, para chegar a essa conclusão, não é ideológico, e, sim, rigorosamente jurídico. Se não, vejamos. Ninguém ignora que a praxe judiciária e a própria jurisprudência consagraram a tripartição da audiência concernente ao procedimento ordinário em: *a*) inicial; *b*) de instrução; e *c*) de julgamento. Não menos exato é que a audiência dita inicial se destina, na prática, a formular a primeira proposta de conciliação, a receber a resposta do réu e a designar a audiência de instrução (ou de julgamento, conforme seja o caso). Nada mais do que isto. Está evidente, portanto, que, nessa audiência, não se procede ao interrogatório dos litigantes nem à inquirição de testemunhas. Sendo assim, salta aos olhos o absurdo de considerar-se o réu confesso, em decorrência de o preposto haver deixado de comparecer à audiência inicial (embora o advogado do réu estivesse presente, com procuração), *sabendo-se que o preposto não seria interrogado nessa oportunidade!* Logo, fica perceptível a impropriedade técnica da praxe de considerar-se confesso quem, na verdade, não seria interrogado na audiência inicial!
>
> Para resumir: o conteúdo da Súmula n. 122, do TST, a nosso ver, é juridicamente insustentável (reiteremos: na parte por nós destacada)

pelas seguintes razões: *a*) considera revel o réu, cujo advogado está presente à audiência inicial, regularmente munido de procuração e de contestação, ou que pretendia formular, oralmente, a defesa; *b*) considera confesso o réu, quando se sabe que o preposto ausente não seria interrogado naquela audiência. Daí, o caráter algo surrealista da precitada Súmula, no particular.

Não menos equivocado é o hábito de o juiz, verificando, na audiência inicial, a ausência do preposto, lançar na ata a declaração de que o réu é confesso. Ora, a que título o magistrado estaria emitindo essa declaração? Seria uma antecipação do provimento de mérito? Qual a natureza jurídica desse seu ato, enfim: decisão com traço interlocutório? Na verdade, ao assim agir, o juiz está sendo precipitado, estará *prejulgando* a lide, pois somente a sentença de mérito deverá proclamar as consequências processuais do não comparecimento, injustificado, do preposto, à audiência inicial. Deste modo, o que o juiz deveria fazer constar da ata é, precisamente, a observação de que os efeitos da ausência do preposto seriam apreciados pelo pronunciamento jurisdicional de fundo.

Já tarda, pois, a hora de a jurisprudência rever a sua posição em face da matéria, para reconhecer que a declaração de revelia, quando o réu está regularmente representado por advogado, na audiência inicial, é algo que afronta a garantia constitucional da ampla defesa (Const. Federal, art. 5º, inciso LV); e que a ausência do preposto, a essa audiência, não deveria acarretar nenhuma consequência processual, porquanto: *a*) o preposto poderia ser ouvido (juntamente com o autor) na audiência "de instrução"; *b*) a audiência inicial jamais foi destinada ao interrogatório das partes.

O sistema construído pela praxe, como se nota, está totalmente desajustado, motivo por que merece uma imediata correção de rumo, a fim de ser amoldado aos princípios constitucionais e ao bom-senso.

A propósito, *de lege ferenda* bem que se poderia determinar que a resposta do réu (exceção, contestação, reconvenção) fosse apresentada na Secretaria da Vara, em prazo preestabelecido, evitando-se, assim, os transtornos derivantes do sistema atual, que exige a designação de audiência para essa finalidade. A conveniência de a resposta ser apresentada em Secretaria é inegável, pois, dentre outras coisas, pode ensejar uma considerável celeridade na prestação jurisdicional — se considerarmos o fato de que, atualmente, há Varas do Trabalho designando a audiência inicial com prazo superior a um ano.

Está lançada a sugestão – que é aplicável ao processo tradicional (dito físico), não, ao eletrônico. (*A Prova no Processo do Trabalho*. 11. ed. São Paulo: LTr, 2017. p. 128).

Se a jurisprudência não nos ouviu, ouviu-nos o legislador. Efetivamente, estabelece o § 5º, do art. 844, da CLT, introduzido pela Lei n. 13.467/2017: "Ainda que ausente o reclamado, represente o advogado na audiência, serão aceitos a contestação e os documentos eventualmente apresentados".

Os comentários ao § 5º, do art. 844, da CLT, não poderão ser concluídos sem que examinemos qual deverá ser a atitude do juiz, após o advogado do réu ausente haver juntado aos autos a contestação e os documentos que a instruem. É óbvio que o magistrado deverá conceder prazo para que o autor se manifeste sobre a contestação e os documentos. Não menos óbvio é que ele não poderá fazer incidir o *efeito* da revelia (presunção de veracidade dos fatos alegados na inicial), uma vez que o réu, embora ausente, não é revel, pois a contestação foi juntada aos autos. O que necessitamos verificar, entretanto, é a possibilidade de o juiz considerar o réu *confesso*, por não haver comparecido à audiência, para prestar depoimento pessoal. A resposta variará conforme se trate de: a) a audiência inicial; e b) a audiência una.

a) *Audiência inicial*. Consagrada pela praxe judiciária, essa audiência se destina, basicamente, à prática de dois atos processuais: a.a.) formulação da primeira proposta conciliatória (CLT, art. 846, *caput*); e a.b.) apresentação da defesa, caso a proposta de conciliação seja rejeitada (CLT, art. 847). Seria, portanto, aberrante do bom senso e dos princípios jurídicos considerar-se o réu *confesso*, sabendo-se que essa audiência não se destina a obter o seu depoimento. Assim sendo, o juiz, após deferir a juntada da contestação e dos documentos que a instruem, deverá marcar audiência para realização da instrução oral do processo, a qual o réu deverá comparecer, para depor, sob pena de confesso. O mesmo se diga em relação ao autor.

b) *Audiência una*. Considerando que nessa audiência serão praticados diversos atos processuais, inclusive os alusivos à instrução oral, é evidente que a ausência do réu, mesmo não sendo revel (pois apresentou contestação) poderá torná-lo confesso, em decorrência de não prestar depoimento.

Em suma, seria deveras surrealista solucionar-se o problema da ausência do réu à audiência inicial (na qual não prestaria depoimento), instituída pela praxe forense, com base em critério que só se justifica em relação à audiência una (ou concentrada).

A afirmação que faremos, a seguir, poderá ser considerada heterodoxa, chocante, perturbadora do *status quo* atual, mas o fato é que, em rigor, no caso de audiência *inicial*, não há necessidade de comparecimento de nenhuma das partes, desde que estejam representadas por advogado, dotados de poderes para transacionar; e, o do réu, também para formular a defesa oral (CLT, art. 847) ou apresentar a elaborada por escrito.

Essa nossa opinião não se aplica, por inteiro, ao processo eletrônico, em face de suas peculiaridades, a começar pela possibilidade de a defesa escrita poder ser apresentada *até a audiência* (CLT, art. 847, parágrafo único), ou seja, mesmo antes dela.

Note-se que, no caso do § 5º do art. 844, da CLT, a aceitação da contestação e dos documentos não traduz uma *faculdade* atribuída ao magistrado, e sim, uma inequívoca *imposição*, conforme revela a redação da norma: "serão aceitos". Eventual recusa do magistrado em aceitar a contestação ou os documentos caracterizará cerceamento do exercício do direito constitucional de ampla defesa (CF, art. 5º, LV), por forma a acarretar a nulidade do processo (CLT, art. 794). É relevante destacar, porém, que esses documentos devem ser *apresentados* pelo advogado do réu, por ocasião da audiência. O § 5º, do art. 844, da CLT, não pode ser invocado pelo advogado para requerer ao magistrado a concessão de prazo para trazer, em prazo que lhe assinar, documentos a juízo. Está claro, pois, que o advogado deverá estar *portando* os documentos, quando da audiência em que se configurar a revelia do seu cliente, sob pena de preclusão.

Poderá ocorrer, em determinada situação, de não se verificar o efeito da revelia se, entre outros casos, as alegações feitas pelo autor, na petição inicial, estiverem em antagonismo com a prova documental produzida pelo réu revel, contanto que o autor não tenha impugnado, fundamentadamente, esses documentos (CLT, art. 844, § 4º, IV).

Prossigamos.

O art. 341, do CPC, numa espécie de emanação tópica da regra inscrita no art. 336, do mesmo Código (princípio da eventualidade), declara que se o réu não contestar a ação serão presumidos verdadeiros os fatos alegados na petição inicial (princípio da impugnação especificada).

É importante, no entanto, indagar: poderá o revel produzir provas, ou para ele precluiu, em definitivo, esse direito?

Entendemos que, *por princípio*, ele não poderá produzir provas perante o juízo de primeiro grau, não tanto em decorrência da preclusão desse direito, se *não que pela falta de oportunidade processual para fazê-lo.* Justifiquemos.

Embora o revel possa intervir no processo, em qualquer fase, recebendo-o no estado em que se encontra (CPC, art. 346, parágrafo único), isto não significa que esteja aberta para ele, sempre, a *oportunidade* de produzir provas; com efeito, na prática, caracterizada a revelia, procede-se, ato contínuo, ao julgamento antecipado do mérito (CPC, art. 355, II), prolatando-se a sentença na mesma audiência em que se verificou a ausência injustificada de resposta do réu. Daí falarmos em inexistência de oportunidade para ele produzir as provas pretendidas.

Mesmo que o juízo, por qualquer motivo justificável, deixasse de emitir a sentença na referida audiência, vindo a designar outra, para essa finalidade, ao revel se haveria de negar a produção de provas, na medida em que de qualquer modo a instrução havia sido encerrada; o que se fez, na hipótese, foi apenas designar outra audiência para proferir a sentença.

Ao dispor, no art. 349, que "Ao réu revel será lícita a produção de provas, contrapostas às alegações do autor, desde que se faça representar nos autos a tempo de praticar os atos processuais indispensáveis a essa produção", o CPC de 2015 não está permitindo que o réu revel tenha, em qualquer situação, o direito de produzir provas. Essa norma somente é aplicável no caso de a revelia não produzir os efeitos previstos no art. 344 desse Código, lembrando-se que o art. 345 indica as situações em que esse efeito não se verificará.

Na hipótese, algo rara, de a instrução processual não haver sido encerrada, a prova que ao réu se consentiria produzir não seria a pertinente aos fatos da causa, porquanto estes teriam sido alcançados pela presunção de veracidade decorrente da confissão presumida; assim, o réu poderia produzir, por exemplo, prova pericial, como nos casos em que houvesse, dentre os seus pedidos, o de adicional de insalubridade ou de periculosidade.

Torna-se oportuno esclarecer, a propósito, que o julgamento antecipado do mérito, emanante da revelia, não implica, necessariamente, prolatar a decisão na própria audiência em que a incúria do réu se configurou; tal *julgamento antecipado,* a que se refere a lei processual CPC, art. 355), significa que se prescinde da fase probatória, em regra exigível quando há controvérsia acerca dos fatos em que se apoiam a inicial e a resposta. Sendo assim, não haverá nenhum *error in procedendo* do juiz ao designar outra data para que se proceda ao proferimento da decisão.

É, entretanto, altamente respeitosa dos princípios medulares do procedimento trabalhista a praxe que se formou de prolatar-se a sentença na própria audiência em que ocorreu a revelia (com a consequente declaração de confissão quanto à matéria de fato, se for o caso); daí por que deve ser elogiada e estimulada. De qualquer forma, convém reiterar: quando o art. 335, inciso II, do CPC, autoriza o juiz a julgar antecipadamente a lide, no caso de revelia, não está, com isso, dizendo, necessariamente, que o julgamento deve ser feito *na mesma audiência* em que se verificou a ausência injustificada do réu. A expressão legal "julgamento antecipado do mérito" indica que não haverá necessidade de produção de provas, pois terá ocorrido o *efeito* da revelia, qual seja, a presunção de veracidade dos fatos narrados na peça inicial. Caso não ocorra esse efeito (CPC, art. 345), o ônus da prova continuará com o autor, hipótese em que o juiz designará audiência de instrução.

Não ignoramos, contudo, a existência de *exceções* ao princípio de que o revel não pode, pela inoportunidade, produzir provas; vejamos algumas delas.

2. Exceções

2.1. Quando pretender elidir a revelia, perante o Tribunal

Neste caso, o revel buscará, pela via recursal, eliminar o seu *estado* processual, ou seja — para usarmos a expressão consagrada — *elidir a revelia;* para tanto, deverá juntar às suas razões de recurso documentos capazes de influírem na formação do convencimento do órgão *ad quem,* quanto à existência de razões ponderáveis que justifiquem a reforma da sentença de primeiro grau, desfazendo-se, desta forma, a revelia, e determinando-se a remessa dos autos ao juízo *a quo,* a fim de que ofereça ao revel nova oportunidade para responder à ação, proceda-se à instrução e o mais e profira-se, ao final, outra sentença, que poderá apresentar resultado igual ao da anterior, ou diverso.

Se o Tribunal der provimento ao recurso ordinário e proceder, ato contínuo, a novo julgamento da lide, estará, por certo, cerceando o direito de defesa do réu, pois este não terá tido oportunidade de oferecer contestação, após a anulação do processo. Mesmo que o réu, em uma situação anômala, houvesse apresentado, juntamente com o recurso, a contestação, isto não autorizaria o Tribunal, na situação em exame, a julgar novamente a lide, porquanto este ato implicaria manifesta supressão de grau jurisdicional: afinal, o órgão de primeiro grau não teria se pronunciado acerca da contestação. Não se aplica, à espécie, portanto, a regra contida no art. 1.013, § 3º, I, do CPC, pois esta cogita de recurso interposto de sentença que haja determinado a extinção do processo *sem* julgamento do mérito (art. 485) — fato que não ocorre, à evidência, nos casos de revelia.

A junção de documentos na fase recursal, embora seja, no geral, vedada, está autorizada, no particular, pelas Súmulas ns. 8 e 122 do TST; dispõe a primeira que: "A juntada de documentos na fase recursal só se justifica quando provado o justo impedimento para a sua oportuna apresentação ou se referir a fato posterior à sentença"; e a segunda: "(...) podendo ser ilidida a revelia mediante a apresentação de atestado médico, que deverá declarar, expressamente, a impossibilidade de locomoção do empregador ou do preposto no dia da audiência".

É relevante observar, quanto à Súmula n. 122, que não basta o réu juntar atestado médico, para tentar, com isso, elidir a revelia, em grau de recurso: é essencial que do atestado conste, de maneira expressa, a declaração de que ele (ou o preposto) se encontrava impossibilitado de *locomover-se,* no dia da realização da audiência a que deixou de comparecer. É importante que o atestado especifique a enfermidade, ou a causa que impediu a parte de comparecer à audiência. No caso de doença, a propósito, é recomendável que se indique o correspondente código médico. O médico, aliás, deve mencionar o seu número de inscrição no CRM. Todos esses rigores formais, pertinentes ao atestado, são necessários porque será, essencialmente, com base nesse documento que o Tribunal apreciará o recurso interposto pelo réu, com o objetivo de elidir a revelia.

2.2. Quando se tratar de exame pericial obrigatório

Como demonstraremos no Capítulo V, Terceira Parte desta obra, há exames periciais que são obrigatórios e outros que são meramente facultativos.

Exemplo típico do primeiro, no processo do trabalho, é o destinado a apurar, qualitativa e quantitativamente, a insalubridade; a exigibilidade desse exame promana do art. 195, § 2º da CLT; desta maneira, versando o pedido do autor relativo a esse adicional, impõe-se ao juiz determinar a realização do correspondente exame pericial, mesmo que o réu seja revel.

Neste caso, torna-se evidente que ele poderá, nada obstante, indicar assistente técnico e formular quesitos, desde que obedeça ao prazo assinado pelo juiz.

Ocorre que, no exemplo mencionado, os efeitos da confissão fictícia não atingem o pedido de adicional de insalubridade, pois este não envolve matéria de fato, mas, sim, de conhecimento técnico; assim sendo, apenas o perito poderá dizer da existência, ou não, de insalubridade e, em caso positivo, mensurar o seu grau. Isto significa dizer que, em tais ações, o réu, embora revel, poderá ser vencedor na causa.

De resto, devemos observar que no caso de o local a ser periciado encontrar-se desativado, ou, por qualquer outra razão, já não existir, dispõe a OJ n. 278, da SBDI-I, do TST: "ADICIONAL DE INSALUBRIDADE. PERÍCIA. LOCAL DE TRABALHO DESATIVADO (DJ 11.8.2003) A realização de perícia é obrigatória para a verificação de insalubridade. Quando não for possível sua realização, como em caso de fechamento da empresa, poderá o julgador utilizar-se de outros meios de prova".

2.3. Quando se tratar de liquidação mediante artigos

A liquidação, como procedimento preparatório da execução, é indispensável, sob pena de nulidade deste processo, em face da iliquidez e da consequente inexigibilidade do título (CPC, arts. 783 e 786); assim o é porque, sem a liquidação, nem o devedor sabe quanto deve pagar, nem o credor quanto tem para receber.

Quando for o caso de liquidação mediante *artigos*, dispõe a lei que será observado o procedimento ordinário (CPC, art. 509,II), justamente porque haverá necessidade de abrir-se uma fase de instrução, destinada a produzir provas relativas aos denominados *fatos novos*, que a legitimam. A propósito, há impropriedade lógico-jurídica na difundida expressão *fatos novos*, porquanto o que se busca, no procedimento da liquidação, não são *fatos novos*, e sim, definir, delimitar, precisar os fatos que foram objeto do pronunciamento jurisdicional convertido em título executivo.

Não se poderá, neste caso, negar ao devedor, que fora revel no processo de conhecimento, a possibilidade de produzir provas, sob consequência, uma vez mais, de nulidade não apenas da liquidação como de todo o processo de execução que dela decorrer. Rememore-se que, no processo do trabalho, o próprio devedor pode tomar a iniciativa da execução, a despeito de isto ser algo infrequente; logo, na espécie, a ele incumbirá a produção de provas acerca dos articulados. Se a liquidação for promovida pelo credor, como via de regra ocorre, o devedor terá assegurado o direito de produzir contraprova.

O que não se consentirá, isto sim, é que o devedor (revel) busque produzir prova relativa àqueles fatos que se tenham tornado imutáveis, por força da autoridade da coisa julgada material; nem mesmo, aliás, poderá o credor fazê-lo (CLT, art. 879, § 1º).

2.4. Na execução

Também na execução, propriamente dita, poderá o revel (agora devedor) fazer prova, ao ensejo da impugnação (art. 525) ou dos embargos que oferecer, de, por exemplo, haver adimplido a obrigação oriunda do título executivo judicial, assim como da quitação outorgada pelo credor (CLT, art. 884, § 1º) e de outros fatos que possa, legalmente, invocar (CPC, art. 525).

Estabelecidas estas considerações, relativamente ao binômio revelia/prova, uma nova indagação surge: o autor poderia produzir provas no caso de o réu haver sido declarado revel?

Aparentemente, não há interesse dele, nesse sentido, em face da *ficta confessio* do réu proveniente da sua incúria; presumidos verdadeiros os fatos narrados na peça inaugural, torna-se, por princípio, desnecessária qualquer prova por parte do autor. Eventual argumento de que ele poderia ter interesse, mesmo assim, de provar, mediante testemunhas ou documentos, serem verdadeiros tais fatos (tendo em vista a possibilidade de o revel vir a interpor recurso ordinário da sentença) cometerá o equívoco de supor que o Tribunal poderia, dando provimento ao remédio, examinar os pedidos formulados pelo autor. Fato que, como se sabe, não ocorreria, porquanto o órgão de reexame, na hipótese, iria pronunciar-se, exclusivamente, sobre a declaração de revelia contida na sentença impugnada: se desse provimento ao apelo, seria apenas para elidi-la e não para apreciar o conteúdo condenatório do julgado, sob pena de, fazendo-o, perpetrar injustificável supressão de grau jurisdicional.

Por isto, entendemos que embora legalmente não se proíba o autor de produzir provas (orais ou materiais) em ação em que se declarou a revelia do réu, razões de ordem prática — e acima de tudo lógica — dizem da inconveniência ou da desnecessidade dessas provas, em decorrência da presunção de serem verdadeiros os fatos alegados na inicial. Conquanto seja, ontologicamente, *relativa* essa presunção, no caso concreto, ao contrário, ela assume foros *de absoluta*, se levarmos em conta que o revel não terá oportunidade para elidi-la mediante prova em contrário.

Assinale-se, outra vez, que o juiz não estará obrigado a satisfazer-se com a referida presunção *iuris tantum*, podendo, por isso, interrogar o autor e até mesmo inquirir as testemunhas, dele ou do réu, que se encontram em juízo, tudo em busca da verdade real.

Esta afirmação, entrementes, não colide com a anterior, no sentido de que, do ponto de vista do autor, é desinteressante requerer a produção de provas no caso de revelia; afinal, poderia ele, de maneira inadvertida, acabar provando em benefício do réu, cujo acidente não é tão invulgar quanto se possa supor.

Ressalvemos, todavia, mais uma vez, o disposto no art. 345, do CPC, que permite a produção de provas (seja pelo autor, seja pelo réu), quando a revelia não produzir o efeito mencionado no art. 344, do mesmo Código.

Capítulo XIII

PRODUÇÃO ANTECIPADA DE PROVAS

1. Nota introdutória

Em capítulo anterior (VII), pudemos demonstrar que as normas procedimentais, como é da sua índole, impõem, regra geral, aos litigantes uma rígida *disciplina probatória*, que, por sua vez, constitui manifestação específica de uma disciplina mais ampla, a que estão sujeitos em toda relação processual.

Nesse quadro de disciplinamento da atividade das partes, no campo das provas, destacam-se as normas fixadoras do *momento* oportuno para a produção dos elementos probantes, respeitada sempre a previsão legal quanto à partição do correspondente ônus (CLT, art. 818).

Em rigor, a lei estabelece, ao lado do *momento,* o *lugar* em que as provas devem ser produzidas, segundo seja a natureza do meio escolhido.

Eventual desrespeito do demandante a essa disciplina traz-lhe, como consequência, a preclusão temporal do direito de demonstrar a veracidade dos fatos em que funda a sua pretensão *in iudicio deducta.* É conveniente lembrar, a propósito, a regra inscrita no *caput* do art. 200 do CPC, a teor da qual a exaustão do prazo para a prática do ato acarreta, entre outras consequências, a automática extinção de direitos processuais (ou seja, independentemente de declaração judicial nesse sentido), ressalvada, é certo, a existência de justa causa impeditiva da realização do ato processual de incumbência da parte.

Como é elementar, esses *momentos oportunos* para a prática de tais atos (entre eles, o concernente à produção de provas) pressupõem o ajuizamento da ação principal; por outro lado, revelam a preocupação do legislador em evitar atitudes tumultuárias do procedimento, o que fatalmente ocorreria caso não submetesse a atuação dos litigantes a essa inflexível disciplina ordenadora.

Não é raro, entretanto, surgir para a parte o interesse ou a necessidade de produzir determinada prova *antes do instante* que a norma legal indica como *oportuno,* seja para utilizá-la na ação já em curso, ou em ação a ser ajuizada.

No sistema do CPC de 1973, a produção antecipada de provas integrava o capítulo dedicado aos procedimentos cautelares específicos (arts. 846 a 851) e se justificava nos casos em que a parte ou a testemunha: a) tivesse de se ausentar (por longo período); b) por motivo de idade ou de moléstia grave houvesse justo receio de que ao tempo da prova já não existisse, ou estivesse impossibilitada de depor (art. 847).

O CPC de 2015 alterou essa disciplina, prevendo a produção antecipada de prova nos casos mencionados no art. 381, a saber: I – quando houver fundado receio de que venha a tornar-se impossível ou muito difícil a verificação de certos fatos na pendência da ação; II – quando a prova a ser produzida for suscetível de viabilizar a autocomposição ou outro meio adequado de solução de conflito; III – quando o prévio conhecimento dos fatos puder justificar ou evitar o ajuizamento de ação.

Sob certo aspecto, podemos afirmar que as situações previstas no art. 847, do CPC de 1973, estão compreendidas na disposição genérica do art. 381, inciso I, do Código atual. Por outro lado, conquanto o CPC de 2015 – à dessemelhança do CPC anterior – não contenha um Livro destinado ao processo cautelar, a produção antecipada de provas, sob o ponto de vista sistemático, participa dessa natureza, quando menos, no caso do inciso I do art. 381, conjugado com o art. 300, do mesmo Estatuto Processual.

Em outras hipóteses, como de exame pericial destinado a constatar a existência, ou não, de insalubridade ou de periculosidade, a necessidade de antecipar-se a elaboração da prova pretendida pode estar relacionada ao fato de o estabelecimento a ser examinado encontrar-se em vias de ser desativado ou extinto, ou mesmo de passar por uma profunda reformulação, de modo que, a esperar-se o advento do momento adequado, na ação principal, já não haveria condições de ser realizada essa prova. Segue-se, que o requerimento, formulado apenas nesta última situação, haveria de ser indeferido diante da manifesta *impraticabilidade* da verificação pretendida (CPC, art. 464, § 1º, III). Ressalve-se, contudo, a possibilidade de o juiz, a requerimento das partes ou *ex officio*, substituir a perícia (inclusive, a *impraticável*) pela produção de prova técnica simplificada, sempre que o ponto controverso apresentar menor complexidade (art. 464, § 3º), caso em que a prova consistirá somente na inquirição de especialista, pelo juiz (*ibidem*, § 3º).

Sempre, pois, que a parte julgar necessária a produção antecipada das provas, em que fundamenta ou fundamentará o seu direito, deverá valer-se do procedimento traçado pelos arts. 381 a 383, do CPC — desde que presentes os pressupostos legais correspondentes.

Às provas produzidas antecipadamente, a doutrina vogante ao tempo do CPC de 1939 denominava *ad perpetuam rei memoriam*, na medida em que a sua finalidade era (como hoje ainda é) perpetuar, conservar, o meio de prova de que o interessado iria utilizar-se mais adiante.

O CPC de 1973 declarava, no art. 847, que a produção antecipada de provas poderia ser requerida tanto *antes* do ajuizamento da ação principal quanto no *curso* desta. Surpreende-nos, por isso, o inciso I do art. 381, do CPC de 2015, ao asseverar que a produção antecipada de provas será admissível quando se tornar impossível ou muito difícil a verificação de certos fatos na *pendência* da ação. *Data venia*, esse procedimento poderá ser instaurado mesmo antes do ajuizamento da ação, desde que estejam presentes os requisitos legais, sob pena de grave transgressão aos princípios constitucionais da ampla defesa e do devido processo legal. Aliás, o próprio § 5º do art. 381 do CPC deixa clara a possibilidade de a produção antecipada de provas não se vincular a qualquer processo, seja atual ou futuro, ao permitir a sua utilização para efeito de simples documentação, ou seja, sem caráter contencioso.

Quando a antecipação da prova ocorre no curso do processo principal, diz-se que é *incidental;* vindo a ser feita antes mesmo da propositura da ação principal, tem caráter *antecedente*. Tanto lá como aqui, todavia, ela não perde o seu traço característico de *medida cautelar*, com procedimento específico.

2. Origem. O direito estrangeiro

A origem da prova *ad perpetuam* remonta ao direito romano. Extrai-se essa conclusão pela leitura das "Pandectas", particularmente do Fr. 40 D. "*Ad Legem Aquiliam*" (IX, 2) e Fr. 3, § 5º, D. "*De Carboniano edicto*" (XXXVII, 10).

Observa Carlo Lessona que na novela 90, Cap. IX, se encontra a verdadeira demonstração da existência da *prova para futura memória* (*ad perpetuam*), embora tendo como pressuposto a lesão, já configurada, do direito. Conclui o ilustre jurista: "Aqui temos verdadeira e precisamente, a prova para futura memória (...) e, como se vê da premissa de *Justiniano*, ela teria sido criada pela prática judiciária, que o imperador se limitou a consagrar e tornar real"(2).

De maneira algo generalizada, o direito estrangeiro moderno — atendida a peculiaridade da legislação de cada país — prevê essa modalidade de prova; podemos citar, como exemplo, Portugal, Alemanha, Áustria, Itália, Espanha, Argentina, Colômbia, sem embargo de outros.

A prova *ad perpetuam* também estava no texto das antigas Ordenações portuguesas. Ilustremos com o que dispunham, sobre o assunto, as Afonsinas: "E se o auctor, antes da demanda começada, requerer ao Julgador, que lhe sejam perguntadas algumas testemunhas sobre a cousa, que entende demandar, alegando que são muito velhas, ou enfermas de grande enfermidade, ou estão aviadas para se partir para fora do Reino, e que seus ditos stém cerrados para os dar em ajuda de sua prova, e se abrirem e publicarem ao tempo, que com direito se deva fazer, mandal-as-a o julgador perguntar, sendo elle primeiramente informado da dita velhice e enfermidade, ou longa

---

(2) *Trattato delle prove in matéria civile*. v. 4, n. 365, 1916.

absencia, sendo outrossim a parte contraria citada, para ver como juram, em sua pessoa, se poder ser achada, se não à porta de sua casa, presente sua mulher, ou visinhança, que lho hajam de notificar".

"E se por parte do réo for feito semelhante requerimento, ainda que as testemunhas não sejam velhas, nem enfermas, nem esperem ser absentes, serão perguntadas em todo caso, sendo a parte citada em sua pessoa, ou em sua casa, para ver como juram, e as inquirições cerradas, assim como dito he no requerimento feito por parte ao auctor; porque dito réo não sabe, quando lhe será feita a demanda, nem está em seu poder de lhe ser feita tarde ou cedo; e se lhe assi não fossem perguntadas as testemunhas em todo o tempo por elle requerido, poderiam falecer ao tempo da demanda feita, e perecer seu direito".

Iter, a *vistoria* poderia ser efetuada *ad perpetuam rei memoriam,* como relata Lobão: "Podem-se figurar muitos casos em que seja necessária Vistoria ainda mesmo antes do ingresso da lide, e '*ad perpetuam rei memoriam*'; como *v.g.* examinando-se o damno feito em hum animal, em huma escrava, e em qualquer cousa que possa variar de estado no progresso da demanda, Cód. Civ. do Imperador José II, § 202"[(3)].

O Regulamento Imperial n. 737, de 1850, não se descuidou da matéria, a qual dedicou o Título VII — "Processos Preparatórios, Preventivos e Incidentes"; o seu art. 178 dispunha sobre a produção *ad perpetuam* da prova testemunhal: "Se alguma testemunha houver de ausentar-se, ou por sua avançada idade ou estado valetudinário houver receio de que ao tempo da prova já não exista, poderá, citada a parte, ser inquirida a requerimento dos interessados, aos quais será entregue o depoimento para dele se servirem quando e como lhes convier".

Anota Moacyr Amaral Santos que o referido Regulamento era omisso acerca do *depoimento das partes,* observando, entretanto, que a doutrina, calcada nas próprias Ordenações reinóis e em *Ribas,* permitia o depoimento *ad perpetuam,* embora "apenas antes do período probatório, mas depois de intentada a ação, nunca anteriormente a esta"[(4)].

Torna-se necessário esclarecer que o Regulamento n. 737 também nada continha a respeito da produção *ad perpetuam* de *exames* ou *perícias;* ambos os meios de prova, contudo, eram admitidos pela doutrina e pela jurisprudência, tanto em caráter *preparatório* (antes da propositura da ação) quanto *incidental* (no curso desta). Nesta última hipótese, a prova *ad perpetuam era* consentida ainda que os autos se encontrassem em segundo grau de jurisdição ("segunda instância", na linguagem imperfeita da época).

---

(3) *Colleção de dissertações e tractados vários*> in: *Segundas Linhas,* Tractado XIV, § 5º.
(4) *Prova Judiciária no Cível e Comercial.* São Paulo: Saraiva, v. 1, 1983. p. 323.

Tempos depois, os códigos de processo estaduais, inspirados naquele notável Regulamento, previram a prova *ad perpetuam rei memoriam;* em linhas gerais, os casos de admissibilidade da medida eram semelhantes aos existentes no Regulamento n. 737: permitiam o depoimento dos litigantes apenas depois de proposta a ação, antes ou após a dilação probatória; já os exames e vistorias (*ad perpetuam)* eram admitidos inclusive como medida *preventiva.*

3. Medidas preventivas e preparatórias

Segundo a dicção do art. 796 do CPC de 1973, o procedimento cautelar poderia ser instaurado antes ou no curso do processo principal, deste sendo sempre dependente.

Devemos chamar a atenção para a inexistência de sinonímia processual entre as medidas *preventivas,* de um lado, e as *preparatórias,* de outro.

O traço comum, entre elas, reside sabidamente na particularidade de ambas serem requeridas *antes* do ajuizamento da ação principal.

As medidas preventivas *típicas,* entretanto, não possuem um objeto imediato, não perseguem uma finalidade próxima: quem delas se vale pretende apenas constituir uma prova, de que não necessita na atualidade, conquanto ela possa ser-lhe útil no futuro. É o caso do art. 381, § 5º, do CPC. Por meio desse procedimento não se deseja *preparar* ação a ser proposta: colima-se, isto sim, tornar concreto, materializado, um direito e, para tanto, precisa-se produzir a prova correspondente. Seria o caso, *e.g.,* de um empregado que recebesse, por força de cláusula do contrato de trabalho, um veículo para utilizar em serviço e que, segundo o termo de responsabilidade, que assinou, estaria em perfeitas condições materiais (mecânica, lataria etc.), quando, em verdade, tais condições eram precárias. Receoso de que, mais tarde, o empregador viesse a responsabilizá-lo por um suposto desgaste excessivo do veículo (sob a alegação de que o entregara em estado de novo), o empregado poderia providenciar medida *preventiva,* a fim de comprovar o verdadeiro estado em que recebeu o veículo, precavendo-se, por essa forma, de problemas que futuramente adviriam se a providência não fosse adotada.

Note-se que no exemplo apresentado o empregado não teria como escopo *preparar* ação que, eventualmente, viesse a propor em face do seu empregador; estaria a presidir-lhe a atitude, nessa hipótese, apenas a preocupação de salvaguardar o seu direito de não vir a ser, posteriormente, responsabilizado por aquilo a que não deu causa.

Já as medidas caracteristicamente *preparatórias,* como a própria denominação está a indicar, visam a preparar a ação a ser ajuizada; tanto isto é exato que se a parte não a propuser no prazo de trinta dias, contados da efetivação da medida cautelar, dar-se-á a caducidade desta (CPC, art. 309, I). Antecedentes.

No sistema do processo civil regido pelo CPC de 1939, as medidas preventivas estavam inseridas no Livro V (Título l), que compreendia os *processos acessórios;* dentre as medidas dessa natureza, previstas no art. 676 daquele código, incluíam-se a exibição de livro, coisa ou documento (inc. V) e as vistorias, arbitramentos e inquirições *ad perpetuam rei memoriam* (inc. VI). Dessas medidas não tratou o CPC de 1973, conquanto o silêncio da lei não devesse ser interpretado como proibição à sua admissibilidade, a despeito dos aparentes obstáculos representados pelos incs. III e IV do art. 801, e l, do art. 808 (combinado com o art. 806 do mesmo diploma processual).

Em termos de *processo cautelar, a propósito,* o CPC de 1973 recebeu fartos encômios da doutrina por havê-lo considerado como um *tertium genus,* ao lado do processo de conhecimento e do de execução, dedicando-lhe todo um Livro (III), constituído por 94 artigos (796 a 889).

O CPC de 205, entrementes, preferiu inserir as Tutelas Provisórias (entre as quais, as de natureza *cautelar*) na Parte Geral, sem dedicar-lhes Livro específico.

Pelo quanto até esta parte expusemos, torna-se possível assinalar que o elemento distintivo das medidas *preventivas,* em cotejo com as *preparatórias,* está no *fim a* que se destinam. As primeiras buscam "resguardar, acautelar, assegurar um direito, prevendo a possibilidade de sua violação e, pois, do litígio"[(5)], ao passo que as segundas têm em mira um direito já lesado, ou na iminência de sê-lo, "pelo que tendem a preparar os elementos que sirvam de fundamento à ação em que vai ser pleiteada a sua restauração, ou o seu reconhecimento"[(6)].

Conforme asseveramos, há pouco, no sistema do CPC de 1973, a produção antecipada de provas constituía procedimento *cautelar* específico.

Se bem examinarmos as disposições do art. 381, do CPC de 2015, veremos que houve uma considerável alteração quanto à natureza dessa medida. Assim dizemos, porque no caso do inciso I ("haja fundado receio de que venha a tornar-se impossível ou muito difícil a verificação de certos fatos na pendência da ação"), a medida revela a sua índole cautelar *preparatória.* O que consta dos incisos II ("a prova a ser produzida seja suscetível de viabilizar a autocomposição ou outro meio adequado de solução do conflito") e III ("o prévio conhecimento dos fatos possa justificar ou evitar o ajuizamento de ação") traduz a presença de cautelar *preventiva*.

4. A ação de produção antecipada de provas

Antes de ingressarmos na prospecção da matéria que dá conteúdo a este item é de grande proveito realçar que no ordenamento legal brasileiro a *ação* foi

(5) Moacyr Amaral Santos, *op. cit.*, p. 326.
(6) *Idem, ibidem.*

alteada à categoria de *direito constitucional* (CF, art. 5º, XXXV). Exterioriza-se, portanto, sob a forma de um direito público subjetivo, de origem constitucional, cujo efeito prático radica na impossibilidade de ser eliminado ou constrangido por lei ordinária.

Levando-se em conta de critério a *natureza* do provimento jurisdicional que se deseja obter, as ações – designadamente, no processo do trabalho – podem ser classificadas, basicamente, em três espécies: *a*) de conhecimento; *b*) de execução; *c*) cautelar. Embora se possa incluir nesse rol também as ações *mandamentais* e as *executivas* – classificação quinaria – por enquanto fiquemos com as três primeiras indicadas.

As ações *de conhecimento* se subdividem em *declaratórias, constitutivas* e *condenatórias.*

Seja em caráter *antecedente* ou *incidental,* o objetivo do procedimento da produção antecipada de provas concentra-se no interesse ou na necessidade de produzir-se a prova *antes* do momento legal oportuno, sob pena de, se tiver de aguardá-lo, já não ser possível a obtenção da prova. Há judiciosidade, por isso, na costumeira afirmação de que por intermédio desse procedimento a parte manifesta uma pretensão à sua *segurança,* porquanto o que ela procura nada mais é do que acautelar-se, via conservação de uma prova que talvez não pudesse conseguir se permanecesse esperando o instante oportuno para produzi-la.

Com efeito, os fatos do cotidiano forense estão a revelar que, em certas situações, quando já aforada a ação, a parte vê frustrada a sua intenção de obter, na fase de instrução do processo, a prova de que necessita para demonstrar a veracidade das alegações que expendeu em juízo, como fundamento do direito invocado. Essa frustração resulta, na espécie, não na sua inabilidade em conseguir a prova, mas na impossibilidade de realizá-la, como quando a testemunha houver-se ausentado ou encontrar-se morta.

Em tais hipóteses aflora a reverberatória utilidade da medida cautelar com o seu escopo característico de, obtido o provimento acautelatório, propiciar à parte uma *segurança* consubstanciada na elaboração de uma prova que talvez o tempo (esse "ministro da morte" nas palavras sentenciosas de Machado de Assis) fizesse desaparecer, em prejuízo do seu direito.

Estamos convencidos de que a adequada utilização dessa medida será capaz de prestar bons serviços ao processo do trabalho, no qual impera o *mito* da celeridade do procedimento. Mito porque essa celeridade representa, nos dias atuais, mero ideal de todos; em concreto, ela inexiste, menos pela morosidade do procedimento do que pela notória insuficiência de órgãos jurisdicionais — máxime de primeiro grau — para fazerem face à pletora de ações que, dia a dia, deságuam nessa Justiça Especializada.

Vem-nos à lembrança, a propósito, certo caso em que a ação de produção antecipada de provas pôs à mostra a sua indiscutível utilidade prática: alguns empregados souberam que o estabelecimento, onde prestavam serviços, seria totalmente reformulado, com o objetivo de serem eliminadas as causas da insalubridade, lá existente, e cujo adicional jamais lhes fora pago. Tínhamos, então, a seguinte situação: de um lado, o empregador, pretendendo reformular o seu estabelecimento, a pretexto de modernizá-lo, com o que restariam eliminados os agentes causadores da insalubridade; de outro, os empregados, temerosos de que, a prevalecer essa deliberação do empregador, já não lhes fosse possível produzir, na instrução do processo principal, a prova pericial de que necessitavam para comprovar a insalubridade e classificar-lhe o grau. Surgiu, diante disso, como solução jurídica eficaz, a ação cautelar de produção antecipada de provas, em caráter preparatório, pela qual se pôde efetuar o exame pericial (*ad perpetuam*), assegurando-se, por essa forma, o direito dos empregados, que veio, mais tarde, a ser por eles invocado como fundamento da ação principal — ocasião em que o referido estabelecimento já passara pelas reformas deliberadas pelo empregador.

Com essa providência, evitou-se, portanto, que o requerimento de exame pericial — se formulado no curso da ação principal — viesse a merecer indeferimento correto por ser *impraticável a* verificação pretendida.

A produção antecipada de provas consiste em: *a*) interrogatório da parte; *b*) inquirição de testemunhas; e *c*) exame pericial.

4.1. Cabimento da ação cautelar em exame

É de boa didática que analisemos os casos de cabimento da ação cautelar à luz na *natureza* dos meios de prova que ela pode ter como objeto. Disto resulta a sistematização desses meios em: *a*) orais; *b*) documentais; *c*) exame pericial; e *d*) oculares.

Os *orais* abarcam o interrogatório da parte e a inquirição de testemunhas e, em alguns casos, do perito.

Os *documentos* não são objetos de antecipação e sim de *exibição;* o procedimento que a eles concerne tem sede nos arts. 396 a 404 do CPC. O conceito de documento foi por nós esboçado em obra anterior, merecendo ser aqui reproduzido pela oportunidade: é todo o meio idôneo e moralmente legítimo, capaz de comprovar, materialmente, a existência de um fato. Não é exato asseverar que documento é algo que "contenha escritos", pois a prevalecer essa definição teríamos de negar, em ingente equívoco, a qualidade de documento à fotografia e a outros meios probantes materiais, como as reproduções cinematográficas e os registros fonográficos e os eletrônicos.

A *prova pericial* abarca o exame, a vistoria e a avaliação; o art. 846 do CPC anterior aludia, em injustificada restrição, apenas ao exame pericial, como se não pudessem ser objeto de produção antecipada às vistorias e às avaliações.

Meio *ocular* de prova típico é a inspeção judicial, a que conceituamos como o ato pelo qual o juiz, no curso do processo, por sua iniciativa ou a requerimento da parte, e com o propósito de buscar esclarecimentos acerca de fatos relevantes para a decisão da causa, examina, diretamente, em juízo, ou no local em que se encontrem, pessoas ou coisas, utilizando-se para isso, de suas percepções sensoriais comuns. Pode o magistrado, assim, no exercício do seu poder geral de cautela, inspecionar pessoas ou coisas, até mesmo antes do aforamento da ação principal. O inspecionamento no *curso* do processo principal (CPC, art. 481) está restrito às ações não cautelares. Nada há que obste, todavia, seja a inspeção derivante do poder geral de cautela do magistrado, hipótese em que, a providência poderá ser requeria *antecedentemente* ao ingresso em juízo da ação de mérito.

Examinemos as situações que, nos termos do art. 381 do CPC de 2015, autorizam a produção antecipada de provas.

I — haja fundado receio de que venha a tornar-se impossível ou muito difícil a verificação de certos fatos na pendência da ação.

O art. 849 do CPC (inserido no Livro III, que tratava do *processo cautelar*) anterior previa a realização antecipada do exame *pericial* quando houvesse fundado receio de que viesse a se tornar impossível ou muito difícil a verificação de certos fatos na pendência da ação. O inciso I do art. 381 do CPC atual, como se percebe, aproveitou, em grande parte, aquela redação, sem restringi-la, todavia, ao exame pericial. Destarte, qualquer prova poderá ser produzida de modo antecipado, desde que se verifique o pressuposto legal da impossibilidade ou da dificuldade de ser realizada na pendência da causa.

A antecipação da prova, no caso do inciso I, tem natureza tipicamente cautelar.

Conquanto o art. 381 do CPC atual não tenha reproduzido a expressão literal dos incisos I (se a parte ou a testemunha tiver de ausentar-se) e II (se, em virtude da idade ou de moléstia grave, houvesse justo receio de que ao tempo da prova já não existam a parte ou a testemunha, ou estejam impossibilitadas de depor) do art. 847 do CPC revogado, podemos dizer que o conteúdo desses incisos está compreendido pela expressão genérica "haja fundado receio de que venha a se tornar impossível ou muito difícil a verificação de certos fatos na pendência da ação" do inciso I do art. 381 do CPC em vigor.

Por esse motivo, iremos nos pronunciar acerca das duas situações previstas nos incisos I e II do art. 847 do CPC anterior, como exemplos que se encaixam na dicção do inciso I do art. 381 do CPC atual.

Assim sendo, é proveitoso repetirmos o que dissemos, a este respeito, em outro livro (*Curso de direito processual do trabalho*. São Paulo: LTr, 2009. v. III p. 2.570/2.572):

a.a) Ausência. Embora o inc. I do art. 847 do CPC não o declarasse, de maneira expressa, era curial que a ausência, de que ele cogitava, deveria ser: 1) iminente; e 2) duradoura.

Realmente, se a parte ou as testemunhas forem ausentar-se em data muito distante (dali a vários meses), por princípio não se justifica a antecipação do depoimento ou da inquirição, pois umas e outras ainda não se terão ausentado ao tempo da realização da audiência instrutória relativa ao processo principal. Não há, contudo, regra fixa para isso. Na Justiça do Trabalho, como sói acontecer, as audiências pertinentes à ação de mérito vêm sendo designadas para datas muito distantes, de tal sorte que, em determinadas situações, esse fato pode justificar a produção *antecipada* da prova oral, ainda que a possibilidade de ausência da parte contrária e das testemunhas não seja *iminente.* Caberá ao Juiz, como é de seu ofício, verificar, em cada caso concreto, quanto à necessidade, ou não, de ser antecipada a prova pretendida.

Não basta, no entanto, que a ausência seja iminente; para a concessão da providência acautelatória impõe-se que tenha caráter *duradouro* ou mesmo *definitivo.* Se a parte ou as testemunhas forem ausentar-se momentaneamente, por pouco tempo, de forma que seja razoável presumir que estarão de volta quando da realização da audiência concernente ao processo principal, deverá o juiz recusar o pedido cautelar de antecipação de seus depoimentos, que acaso tenha sido formulado. Tecnicamente, faltará ao requerente o necessário *interesse* de obter a antecipação da prova, bem andando o juiz que, por sentença, declará-lo carecedor da ação, com a consequente extinção do processo (CPC atual, art. 485, VI).

A ausência pode ser em relação à comarca, à seção judiciária ou ao próprio país, cabendo, em qualquer caso, ao requerente justificar a necessidade de antecipação da prova. Aí também atuará o prudente arbítrio do magistrado, que poderá, *e.g.*, negar a antecipação sempre que se convencer de que a ausência da parte ou das testemunhas — conquanto iminente e duradoura — nenhum prejuízo ou transtorno trará ao autor, que as poderá ouvir por meio de carta precatória ou rogatória. Reconhecemos, porém, que na hipótese de ausência do país o autor ficará mais à vontade para demonstrar a necessidade da antecipação do depoimento ou da inquirição, diante das notórias dificuldades que terá para obter essas provas por intermédio de carta rogatória, que reclama um procedimento embaraçante, cabendo lembrar a exigência do art. 192, parágrafo único do CPC de que apenas poderá ser juntado aos autos documento (e a rogatória o é) redigido em língua estrangeira (ou seja, contendo depoimento da parte ou das testemunhas) quando acompanhado de versão em português, firmada por tradutor juramentado — com todos os inconvenientes que as dúvidas suscitadas quanto à fidelidade da versão costumam acarretar.

Não está fora de propósito afirmar que em certos casos poderá o juiz até mesmo deter-se no exame da *necessidade* de a parte ou as testemunhas se ausentarem, pois pode dar-se de a alegada ausência constituir mero pretexto para o requerente conseguir a antecipação da prova. É apropriado observar que a expressão legal *ter de* indica uma obrigatoriedade de ausentar-se; houvesse o legislador empregado a locução "ter que", estaríamos diante de uma ausência meramente facultativa.

a.b) Idade avançada ou *moléstia grave*. Estatuía o inc. II do art. 847 do CPC que se por motivo de idade ou de moléstia grave houvesse "justo receio" de que ao tempo da prova a parte ou as testemunhas já não existissem ou estivessem impossibilitadas de depor, poderia o interessado pedir que sejam ouvidas antecipadamente. Melhor seria que o Código, ao invés de "justo receio", houvesse dito *risco*, porquanto aquela expressão apresentava uma tônica no elemento *subjetivo* (que é, na prática, de difícil constatação), ao passo que o termo *risco*, por seu sentido *objetivo*, permitiria uma verificação mais fácil e mais segura quanto à sua existência concreta.

Incumbirá ao requerente provar a senectude ou o estado valetudinário da parte ou das testemunhas; caso contrário, o seu pedido será indeferido.

A regra legal é de que as provas (orais) devem ser produzidas em audiência (CLT, arts. 846 a 848). Pode acontecer, todavia, de a parte ou as testemunhas, cujos depoimentos se deseja obter antecipadamente, em decorrência de idade senil ou de grave enfermidade, nem sequer possuírem condições de comparecer à audiência cautelar; comprovado o fato, o juiz designará, conforme as circunstâncias, dia, hora e *lugar* para serem ouvidas. Se elas nem ao menos reunirem condições para depor, cumprirá ao juiz denegar a medida acautelatória impetrada, diante da impossibilidade de ser produzida essa prova oral. Caracteriza-se, aí, o fenômeno da *impraticabilidade* da obtenção da prova.

O alcance prático das disposições do inciso I do art. 381 do CPC não se limita às situações por nós examinadas, senão que compreende todo e qualquer caso em que haja risco de que se venha a tornar impossível ou extremamente dificultosa a verificação de fatos relevantes para a solução do conflito de interesses submetido à apreciação jurisdicional.

II — a prova a ser produzida seja suscetível de viabilizar a autocomposição ou outro meio adequado de solução de conflito.

Estamos diante de uma inovação.

O processo civil, inspirando-se na experiência de décadas do processo do trabalho, exalta a conciliação, ou seja, a transação como modalidade de solução não jurisdicional — logo, consensual — do conflito de interesses (art. 334).

Foi, justamente, com vistas a isso, que o legislador permitiu a antecipação da prova sempre que ela possa influir na tentativa de conciliação. Aqui, como se nota, a antecipação não possui índole cautelar, pois a sua realização não pressupõe risco algum de dano aos direitos ou interesses dos litigantes. Trata-se, isto sim, de medida de caráter adminicular, devotada à criação de condições para que a conciliação se efetive.

Teoricamente, o preceito é aplicável ao processo do trabalho, conquanto tenhamos profunda dúvida sobre se os juízes do trabalho dele se valerão. A antecipação da prova poderá retardar, ainda mais, a solução do conflito na hipótese de a conciliação não ocorrer. Além disso, constituirá tarefa algo delicada e tormentosa para o juiz verificar, *a priori*, se a prova a ser produzida de maneira antecipada será "suscetível de viabilizar a autocomposição ou outro meio adequado de solução de conflito" (art. 381, II). Não é insensato imaginar que, em determinados casos, a prova por essa forma obtida produza efeitos contrários aos desejados pelo legislador e pelo magistrado, vale dizer, torne-se um obstáculo à solução negociada do conflito — ou seja, à conciliação. Seja como for, a norma legal coloca à disposição dos magistrados a possibilidade de autorizarem a produção antecipada da prova quando estiverem convencidos que essa providência contribuirá para a solução negociada da lide.

A despeito disso, não nos parece lícita a atuação *ex officio* do magistrado, pois o escopo de viabilizar a conciliação pode ser sobrepujado pela sensação de parcialidade do juiz manifestada pela parte a qual a antecipação da prova prejudicou. Será sempre desejável, por isso, que o magistrado apenas aja mediante requerimento do interessado. A propósito, o art. 397 permite concluir que a antecipação da produção da prova será sempre *requerida* pelo interessado.

III — o prévio conhecimento dos fatos possa justificar ou evitar o ajuizamento de ação.

Outra inovação do CPC em vigor.

A preocupação do legislador, aqui, não foi o de conduzir às partes à conciliação, e sim justificar ou evitar ao ajuizamento da ação.

Não cremos que essa medida tenha aceitação na prática — máxime se tivermos os olhos postos no processo do trabalho.

Em primeiro lugar, porque a ação judicial traduz inegável direito constitucional (CF, art. 5º, XXXV), cujo exercício não pode ficar, portanto, submetido a condições além daquelas que se justificam por motivos de ordem lógica e que se encontram consagradas pela pátina do tempo, quais seja, a legitimidade e o interesse. Como seria possível "evitar o ajuizamento da ação", com base na prova produzida antecipadamente, sem que isso implicasse espantosa transgressão ao inciso XXXV do art. 5º da Constituição Federal?

Em segundo lugar, o procedimento destinado à produção antecipada de provas — independentemente do resultado a que conduziria — exigiria que os órgãos jurisdicionais tivessem, nas pautas de audiências (estamos cogitando das provas orais), espaços que bem sabemos não existirem, fazendo com que as audiências ficassem designadas para datas muito mais distantes do que as que seriam reservadas para o caso de a parte ingressar em juízo sem se submeter ao procedimento da produção antecipada de provas.

O tempo encarregar-se-á de demonstrar se estamos certos ou equivocados em nossa opinião. Por enquanto, envolve-nos a impressão de que, visto sob a perspectiva do processo do trabalho, o inciso III do art. 381 do CPC é produto de algo muito próximo a um devaneio do legislador.

5. Valoração da prova produzida antecipadamente

Pertencem ao passado os sistemas da *prova legal* (com suas raízes nas ordálias ou juízos de Deus) e da *livre convicção* (de origem romana e amplamente utilizada pelos germânicos e ampliada pela influência da Revolução Francesa), ambos extremados: o primeiro, por meter uma camisa-de-força no convencimento do juiz quanto às provas; o segundo, por dar muitas asas à liberdade do juiz nessa atitude valorativa.

Modernamente, o princípio que informa o sistema de valoração judicial das provas é o da *persuasão racional*, também dito do *livre convencimento motivado*, que corresponde a uma espécie de síntese aperfeiçoada dos anteriores. Surgiu com os códigos napoleônicos e foi incorporado pelo atual Código de Processo Civil brasileiro, como demonstra o art. 371. Segundo ele, o juiz apreciará a prova, atendendo aos fatos e circunstâncias dos autos, ainda que não alegados pelas partes, mas *deverá* indicar, na sentença, os *motivos* que influíram na formação do seu *convencimento*.

Sob a óptica desse sistema, a formação da convicção jurídica do juiz se subordina a quatro pressupostos legais: *a)* os fatos narrados na causa; *b)* a prova desses fatos, feita nos autos; *c)* a incidência das normas legais específicas e a eventual invocação das máximas de experiência; *d)* a indicação do motivo que influiu na formação do seu convencimento.

O princípio da persuasão racional (a que preferimos denominar de *livre convencimento motivado*), mesmo antes do advento do atual CPC, já se encontrava timidamente insinuado na CLT, conforme revela o art. 832, *caput*, quando determina que da sentença deverão constar, dentre outros elementos, a *apreciação das provas* e *os fundamentos da decisão*.

A valoração da prova produzida antecipadamente em nada difere da realizada no curso do processo, inclusive, no tocante à inaplicabilidade da máxima *in dubio pro misero* (na dúvida, o juiz deve decidir a favor do empregado).

6. O procedimento judicial

6.1. Petição inicial

Dispõe o art. 319 do CPC: "A petição inicial indicará: I — o juízo a que é dirigida; II — os nomes, os prenomes, o estado civil, a existência de união estável, a profissão, o número de inscrição no Cadastro de Pessoas Físicas ou no Cadastro Nacional da Pessoa Jurídica, o endereço eletrônico, o domicílio e a residência do autor e do réu; III — o fato e os fundamentos jurídicos do pedido; IV — o pedido com as suas especificações; V — o valor da causa; VI — as provas com que o autor pretende demonstrar a verdade dos fatos alegados; VII — a opção do autor pela realização ou não de audiência de conciliação ou de mediação".

Antes de passarmos a examinar, sob o ponto de vista do processo do trabalho, os requisitos legais para a elaboração da petição inicial concernente à produção antecipada de provas, devemos lançar algumas considerações de natureza introdutória sobre a petição inicial.

Podemos separar os requisitos de validade da petição inicial em duas classes: a) subjetivos e b) objetivos. O art. 319, do CPC, cuida, apenas, dos objetivos. Os subjetivos fazem parte do senso comum.

Esquematicamente, os *subjetivos* compreendem: a) a precisão; b) a clareza; e c) a concisão; os *objetivos* dizem respeito: a) ao juiz ou tribunal a que a petição é dirigida; b) aos nomes, prenomes, estado civil, a existência de união estável, profissão, domicílio e residência das partes (ou ao endereço eletrônico); c) ao CPF; d) ao fato e aos fundamentos jurídicos do pedido; e) ao pedido, com as suas especificações; f) ao valor da causa; g) às provas com que o autor pretende demonstrar a verdade dos fatos alegados; h) a opção do autor pela realização ou não de audiência de conciliação ou de mediação — observada, no processo do trabalho, a ressalva feita no que atine aos requisitos aludidos nos números f, g e h, retro.

Passemos, agora, ao exame pormenorizado dos requisitos *subjetivos* consoante a classificação que apresentamos.

a) *Precisão*. Significa que os fatos devem ser narrados, na inicial, com determinação, ou seja, ser precisados. Uma exposição vaga, imprecisa, desses fatos, dificultará não só a resposta do réu (e o regular exercício do seu direito constitucional de ampla defesa) como a própria intelecção do magistrado acerca de qual seja, efetivamente, o conjunto factual, com base no qual o autor extraiu os pedidos formulados (*res in iudicio deducta*).

Essa precisão dos fatos está ligada, por certo, às particularidades de cada caso concreto. Assim, p. ex., se o empregado pretende pedir a condenação do empregador ao pagamento de horas extras deve indicar, na petição inicial, não apenas o horário de início e de término da jornada e seus intervalos e o valor do salário e sua evolução cronológica, como a data da admissão, e, se for o caso, a da cessação do contrato. Cabe-lhe, ainda, esclarecer se havia, ou não, controle escrito da jornada e se os assentamentos constantes desses controles são corretos, ou não. Enfim, cumpre ao autor narrar, de modo preciso, todos os fatos necessários ao conhecimento do juiz, e, em seguida, formular os correspondentes pedidos.

Não seria admissível — retomando o exemplo que utilizamos há pouco —, por isso, que o autor se limitasse a dizer que prestou serviços ao réu (sem mencionar o período em que isso ocorreu) e que as horas extras trabalhadas não lhe foram pagas (sem indicar a jornada de trabalho a que estava sujeito, os intervalos concedidos, o valor do salário e sua evolução etc.). Uma inicial, que assim se apresentasse, estaria roçando as fímbrias da inépcia. Devemos esclarecer que a petição inicial será inepta não somente quando lhe faltar a exposição dos fatos (*causa petendi*), mas, também, quando os fatos forem narrados de maneira imprecisa, de tal arte que não se possa saber, ao certo, quais sejam. É verdade que, em qualquer caso, o decreto jurisdicional de inépcia só será possível se o autor deixar de atender ao despacho do juiz, que lhe ordenou a emenda ou a complementação da inicial, no prazo de quinze dias (CPC, art. 321).

b) *Clareza*. Não basta que os fatos sejam precisados; impõe-se, ainda, que sejam expostos com clareza, para que possam ser entendidos pelo juiz, pela parte contrária e, se for o caso, por terceiros. O requisito em exame concerne, pois, à inteligibilidade da manifestação do autor, lançada na inicial. Se ele não se fizer entender, seguramente, não será atendido pelo juiz em sua postulação.

A clareza, aliás, é algo que não se exige, apenas, da petição inicial; claras devem ser, por igual, a resposta do réu, as razões finais, a sentença (esta, sob pena de render ensejo ao oferecimento de embargos declaratórios), as razões de recurso e as pertinentes contrarrazões etc. A clareza, em síntese, deve estar presente em todos os atos processuais — para não dizermos que também é requerida em toda e qualquer manifestação do pensamento ou da vontade do indivíduo, mesmo no plano coloquial. Sem clareza não pode haver comunicação de vontade ou de ideia.

Não nos compete tentar empreender, aqui, um estudo das causas que levam a parte a elaborar petições obscuras, ininteligíveis, embora seja razoável supor que essa patologia mantenha íntimas ligações com certos estados de desordem mental do indivíduo, fazendo com que o seu pensamento seja externado sob a forma de mistifório. Mas, uma coisa é certa: petições iniciais confusas, incompreensíveis, por serem enigmáticas, tendem a causar prejuízo maior ao próprio autor do que ao réu. Ironia à parte, trata-se de uma das situações em que a criatura se volta contra o criador, para devorá-lo...

A linguagem forense, sem prejuízo da terminologia técnica que lhe é característica, deve ser simples, fluir com naturalidade, sem construções fraseológicas empoladas ou postiças, que só fazem impressionar ao próprio escrevinhador. Não raro, a grandiloquência verbal constitui ingênuo subterfúgio destinado a encobrir a falta ou a escassez de ideias. Evite-se, também, o uso de estrangeirismos, de neologismos ou de arcaísmos. Quanto a estes, merecem lembrança as sentenciosas palavras de Rui Barbosa: "O gosto da antiguidade levado ao arcaísmo, isto é, a mania de rejuvenescer inutilmente formas anacrônicas, ininteligíveis ao ouvido comum na época em que se exumam com o vão intuito de as modernizar, avulta entre os mais ridículos e insensatos vícios do estilo, no falar idiomas vivos" (Réplica. Rio de Janeiro: v. 2, Ministério da Educação e Saúde, 1953. p. 397, n. 481).

No tocante aos estrangeirismos (designadamente os galicismos, os anglicanismos e os italianismos), soem tornar o estilo presunçoso e afetado, sem nada contribuir para a força do argumento. Dispunha, aliás, o art. 156, do CPC anterior, que em todos os atos e termos do processo era obrigatório o uso do *vernáculo*. Como afirmamos em linhas anteriores, a um primeiro lançar de olhos, parecia ter sido intenção do legislador impor, na realização desses atos e termos, o uso exclusivo de línguas indígenas, sabendo- se que *vernáculo* significa *aquilo que é da própria terra*. O que pretendeu o legislador, contudo, foi proibir o uso de línguas estrangeiras. Nesse sentido, talvez tivesse sido melhor que fizesse constar do art. 156 a referência à Língua Portuguesa, que é a adotada, oficialmente, em nosso País. A propósito, a expressão "Língua Portuguesa" estava no Anteprojeto daquele Código, vindo a ser substituída por "vernáculo" no Projeto encaminhado ao Congresso Nacional. Essa novidade trazida pelo estatuto processual civil de 1973 foi necessária para coibir o emprego de línguas alienígenas na linguagem forense, seja oral ou grafada, que tanto dificultam a defesa do réu e a própria intelecção do magistrado.

O Código atual, mais cioso da técnica, faz expressa alusão à Língua Portuguesa (art. 192).

Essa regra do processo civil é compatível com o do trabalho, mormente se considerarmos a presença do trabalhador na relação jurídica processual (pois a resposta do réu poderia vir recheada de frases escritas em língua estrangeira). Mais do que isso, a norma precitada alcança, em princípio, os vocábulos e as expressões latinos. E inevitável reconhecer, entrementes, que o uso dessas expressões está arraigado com profundidade em nosso meio, sendo insensato, por isso, imaginar-se possível fazer desaparecer uma inveterada tradição mediante simples ato legislativo. O que deve ser evitado é o emprego abusivo de termos latinos; ninguém pode negar, contudo, a utilidade e o extraordinário poder de síntese de locuções como: *data venia, habeas corpus, ad iudicia, in itinere, a quo, ad quem* etc.

Entre os vícios de linguagem mais frequentes, que temos verificado nos escritos forenses, destacam-se: a) a *cacografia* (erro de grafia); b) a *sínquise* (inversão tumultuária na ordem dos termos da oração, tornando a frase incompreensível); c) a *ambiguidade* (uso de palavra ou frase com mais de um sentido); c) a *tautologia* (pleonasmo vicioso; redundância); e) a *cacofonia* (som desagradável ou obsceno, oriundo da reunião da última sílaba de uma frase com a primeira, da seguinte); f) o *parequema* (variação abrandada do cacófato, consistente em um efeito sonoro apenas desagradável); g) a *assonância* (rima entre palavras próximas); h) a *colisão* (sequência desagradável de palavras em que se repete a mesma consoante); i) *o plebeísmo* (palavras ou expressões próprias do populacho); j) o *preciosismo* (de certo modo, a antítese do plebeísmo, caracterizado pelo emprego de palavras extravagantes, inusitadas, parecendo que o autor elaborou o texto com os olhos postos em um dicionário de vocábulos insólitos).

c) *Concisão*. Os fatos devem ser relatados, na petição inicial não somente de maneira precisa e clara, mas concisa. O art. 840, § 1º, da CLT, com grande descortino e sensibilidade, diz que o autor deverá fazer "uma breve exposição dos fatos". Essa brevidade se justifica, ainda mais, no processo do trabalho, em virtude da especialização (constitucional) do juízo, por força da qual esse ramo do Poder Judiciário só aprecia determinadas classes específicas de lides. Assim, bastará uma resumida exposição dos fatos para que os juízes façam incidir o direito correspondente, quando for o caso.

Petições iniciais verborrágicas trazem vários inconvenientes para o próprio autor, a saber: a) aumentam a possibilidade de serem cometidos erros gramaticais em geral; b) agravam o risco de serem omitidos determinados fatos, essenciais para a informação da demanda, pois o autor acaba se envolvendo com o relato de fatos irrelevantes ou impertinentes; c) tendem a provocar um fastio no juiz— que, na maioria das vezes, deixará para ler a inicial em outra oportunidade, dando preferência às elaboradas com laconismo; d) predispõem à contradição interna, ou seja, ao antagonismo entre os fatos expostos na própria inicial. Além disso, implicam maior consumo de tempo, de papel, de tinta e de tudo o mais.

Concisão, nem por antonomásia, é sinônimo de omissão. Quando se afirma que a petição inicial deve ser concisa se está, na verdade, dizendo que o autor deverá, em primeiro lugar, fazer uma espécie de depuramento prévio dos fatos, selecionando aqueles que são, efetivamente, relevantes para a causa (e com a qual tenham pertinência) e menosprezando os demais, por serem desúteis. Se, *v. g.*, o empregado está pedindo equiparação salarial, é despiciendo, com vistas a essa postulação, o fato de haver sido demitido por justa causa, se nenhum pedido ele pretender formular com relação a isto. Logo, a causa da ruptura do contrato de trabalho constitui fato desprezável, para os efeitos da petição inicial em que o autor esteja pleiteando, exclusivamente, a equiparação salarial. Em segundo lugar, selecionados os fatos essenciais, incumbirá ao autor narrá-los com brevidade, o que equivale a dizer, de maneira objetiva. Unicamente em situações especiais a exposição dos fatos deverá ser alongada. Em suma, a quantidade de narração deve estar articulada com a necessidade de intelecção dos fatos narrados. A falta, neste caso, não é menos prejudicial do que o excesso, conquanto as petições lacunosas possam acarretar maiores prejuízos para o autor do que as verborrágicas. Pior, muito pior, no entanto, são as petições iniciais que conseguem reunir essas duas falhas: omissas a respeito de alguns fatos essenciais e verborrágicas quanto a outros, essenciais ou não.

De modo genérico, não será equivocado concluir que a graforreia vicejante pelos foros judiciais deste País decorre, em larga medida, de nossa cultura "bacharelística", nascida nos bancos das Faculdades de Direito, onde o argumento, quase sempre, é avaliado segundo a quantidade de palavras que se emprega para formulá-lo, e, não, pela sua qualidade intrínseca. É oportuno observar que, na prática, a verborreia tem sido usada, amiúde, como artifício para dissimular a falta de razão jurídica de quem a ela se dedica. O advogado loquaz assim procede embalado pela esperança de confundir os juízes e, com isso, reverter a situação desfavorável de seu constituinte, perante os fatos e o Direito. Segundo o adágio popular, "vagem com muita folha é sinal de pouco feijão".

Dediquemo-nos, agora, ao exame dos incisos do art. 319, do CPC

6.1.1. Juízo a que é dirigida

Esse é o primeiro requisito objetivo a que a petição inicial deve atender, nos termos do art. 319, I, do CPC. A CLT determina que essa petição contenha a "designação do presidente da Vara, ou do Juiz de Direito, a quem for dirigida" (art. 840, § 1º). Tratando-se, contudo, de matéria que integra a competência originária dos tribunais (ação rescisória, mandado de segurança, ação coletiva etc.) a petição inicial, também no processo do trabalho, indicará, no seu cabeçalho, o tribunal a que é encaminhada. A propósito, o CPC revogado fazia referência à indicação *do juiz* (art. 282, I); o Código atual, em melhor técnica, se refere ao *juízo.*

O problema de se saber a quem a inicial deve ser dirigida se resolve, sem maiores dificuldades, segundo as normas legais definidoras da competência dos diversos órgãos jurisdicionais; algumas dessas normas são de ordem constitucional, como é o caso do art. 114, da Suprema Carta, que fixa a competência material da Justiça do Trabalho.

Seja como for, não deve a parte mencionar o nome do juiz, como destinatário da petição inicial, pois este não atua, na qualidade de diretor do processo, como pessoa física, senão como órgão estatal. Assim, no primeiro grau da jurisdição trabalhista a inicial deve ser dirigida à Vara do Trabalho ou ao Juiz de Direito que se encontrar, circunstancialmente, investido nessa jurisdição especializada — vale dizer, ao juízo. Demais, a referência nominal ao juiz pode insinuar uma certa intimidade da parte com o magistrado, o que é de todo desaconselhável, em decorrência do dever de neutralidade a que este se acha legalmente jungido. Sob este ângulo, podemos dizer que o juiz é sujeito não só desinteressado, como impessoal, do processo. É claro que o juiz não constitui uma abstração no mundo fenomênico, não é uma espécie de entidade mediúnica; ao contrário, ele é um elemento real e palpável, a quem a lei atribuiu o encargo de reger o processo, com vistas à solução dos conflitos de interesses que forem submetidos à sua cognição. Os traços pessoais da vida do magistrado só adquirem relevância para efeito de configurar a suspeição, proveniente, dentre outras coisas, de amizade íntima com o autor ou de inimizade com o réu.

De resto, a inaplicabilidade, ao processo do trabalho, do princípio da identidade física do juiz (TST, Súmula n. 136) demonstra a absoluta desrazão dos que costumam indicar, na petição inicial, o nome do magistrado que, naquele momento, está respondendo pelo órgão jurisdicional. Não só na inicial, mas em qualquer petição, portanto, deve ser evitada essa *nominalidade*, esse culto injustificável à personalidade do magistrado.

6.1.2. Nomes, prenomes, estado civil, existência de união estável, profissão, número de inscrição no CPF ou no CNPJ, domicílio e residência do autor e do réu

A CLT menciona, apenas, a qualificação das partes (art. 840, § 1º).

O nome, o prenome, o estado civil, a existência de união estável, o número de inscrição no CPF, a profissão, o endereço eletrônico, o domicílio e a residência dos litigantes se destinam não só a propiciar o exame da legitimidade (ativa e passiva), como a verificar a configuração de litispendência ou de coisa julgada e a evitar certos problemas ligados à homonímia. A mera indicação do nome seria insuficiente para isso; daí por que a lei exige a consignação do prenome, ou apelido-de-família. A informação quanto ao estado civil, ou a existência de união estável, em rigor, só se justifica para definir se há necessidade de consentimento uxório ou marital ou de citação de ambos os cônjuges. Nas ações trabalhistas, quase sempre, o réu é pessoa jurídica; assim, caberá ao autor apontar a denominação do estabelecimento ("empresa"), e, de preferência, a sua forma de constituição (sociedade por quotas de responsabilidade limitada, sociedade anônima etc.) e a sua natureza jurídica (de direito público ou de direito privado), assim como o número de inscrição no CNPJ do Ministério da Fazenda.

No caso de grupo econômico-financeiro, é indispensável a indicação de todas as sociedades que o integram, desde que o autor pretenda que elas se tornem responsáveis pelo adimplemento da obrigação que se contiver no título executivo emitido em seu favor. A pessoa jurídica que não fez parte da relação jurídica estabelecida no processo de conhecimento não terá legitimidade para figurar no polo passivo da relação processual que se constituir na execução. Embora a Súmula n. 205, do TST, tenha sido cancelada, não há razão jurídica para abandonar o entendimento que nela estava expresso. Essa regra deve ser observada, enfim, *mutatis mutandis*, sempre que o autor pretender que mais de um réu venha a satisfazer, patrimonialmente, no momento oportuno, os direitos que lhe forem reconhecidos pela sentença passada em julgado (regimes litisconsorciais).

No processo do trabalho, a menção ao domicílio e à residência do réu dizem respeito menos aos aspectos de definição da competência (porquanto esta se encontra fixada pelo art. 651, da CLT) do que à necessidade de comunicação dos atos processuais, máxime, o citatório. Se o réu estiver em lugar incerto, ou desconhecido, esse fato deverá ser esclarecido na inicial, cumprindo ao autor requerer que a citação seja efetuada por meio de edital (CLT, art. 841, § 1º).

Nas ações de segurança (Lei n. 12.016/2009), por outro lado, não há réu, e, sim, autoridade apontada como coatora; a esta não cabe reparar, com seu patrimônio, eventuais prejuízos causados a direito líquido e certo do impetrante, por ato que tenha praticado. Logo, é desnecessário mencionar-lhe, p. ex., o estado civil, a profissão, o domicílio e a residência.

Se o trabalhador não tiver capacidade para estar em juízo (legitimidade *ad processum*) deverá ser representado pelo pai, mãe, tutor, curador, ou, na falta destes, pela Procuradoria da Justiça do Trabalho (CLT, art. 793), ou, finalmente, por um curador à lide. Nestas hipóteses, a petição inicial deverá referir a representação processual, a fim de que o juiz possa examinar a sua regularidade. A capacidade para estar em juízo (assim como a para ser parte, que a precede) traduz pressuposto legal indispensável para a constituição e o desenvolvimento regulares da relação jurídica processual, motivo por que a sua falta, não sendo suprida no prazo assinado pelo juiz (CPC, art. 76, *caput*), provocará a extinção do processo sem resolução do mérito da causa (CPC, art. 485, IV), podendo, exatamente por isso, ser declarada *ex officio* (*ibidem*, § 3º).

Mesmo quando estiver atuando em causa própria, o autor deverá fornecer o endereço em que recebe intimações (CPC, art. 106, I).

6.1.3. O fato e os fundamentos jurídicos do pedido

A CLT, como dissemos, exige que o autor elabore, na inicial, "uma breve exposição dos fatos de que resulte o dissídio" (art. 840, § 1º).

Os fatos e os fundamentos jurídicos dos pedidos formam a causa de pedir (*causa petendi*).

Fatos, para os efeitos dos art. 840, § 1º, da CLT, e 319, III, do digesto processual civil, não compreendem apenas os acontecimentos da vida, mas, também, aqueles sucessos que se acham abstratamente previstos em lei. São, pois, fatos jurídicos, cuja subsunção à norma legal incidente é obra que compete ao juiz (*da mihi factum, dabo tibi ius*). Incumbe às partes, portanto, proceder à narração (fiel) dos fatos, e, ao juiz, à (precisa) categorização jurídica dos mesmos.

Em termos práticos, isso equivale a afirmar que eventual erro do trabalhador, na categorização jurídica dos fatos expostos na inicial, em nada o prejudicará porquanto essa conformação dos fatos ao ordenamento jurídico é mister que está afeto ao juiz. O processo do trabalho, mais do que qualquer outro, deve mostrar-se sensível a essa possibilidade de o juiz corrigir ocasional equívoco do autor na tipificação jurídica dos fatos, em nome do princípio da simplicidade — cada vez mais vergastado pelo formalismo injustificável que se vem instalando no âmbito desse processo. Referida providência judicial só não deverá ser adotada se passível de acarretar manifesto prejuízo ao direito de defesa do réu. De outro extremo, se o autor conferiu exata categorização jurídica aos fatos, mas formulou erroneamente os pedidos, não será lícito ao juiz realizar a necessária adequação dos pedidos. A solução, que se dá aqui ao problema, é diversa da sugerida no tocante à mera imperfeição na categorização dos fatos porque o juiz se encontra legalmente vinculado aos pedidos formulados pelo autor (CPC, art. 492). É por esse motivo que falamos, em linhas anteriores, no *princípio da adstrição aos pedidos* (Pontes de Miranda), que é subordinante da entrega da prestação jurisdicional, inclusive a trabalhista, exceto em sede de ação coletiva.

Não deve o autor, porém, relatar todo e qualquer fato que se relacione com o seu contrato de trabalho; cabe-lhe realizar uma prévia seleção desses fatos e indicar, somente, aqueles que sejam relevantes para a causa, tendo em vista os pedidos que pretende formular. Fatos que não se vinculem a esse objetivo são insignificantes, devendo, em decorrência disso, ser postos de lado. Podemos, por isso, enunciar a regra de que, considerado em si mesmo, o fato não é relevante nem irrelevante; a sua relevância ou irrelevância será determinada pelo pedido que o autor desejar formular em juízo. O fato, p. ex., de ele trabalhar em local insalubre é relevante (essencial, mesmo) para a causa em que esteja pleiteando o adicional correspondente; será, contudo, despiciendo numa demanda em que postule, exclusivamente, reintegração no emprego.

Como assinalamos no início deste comentário, não é bastante, para atender às exigências legais (e, por certo, aos ditames do bom-senso), que o autor narre, tão só, os fatos relevantes; é imprescindível que o faça de modo preciso, claro e conciso, ou seja, com especificação, nitidez e brevidade, sob pena de não serem compreendidos pelo juiz, ou, se o forem tornar-se maçante a leitura de sua narração.

Acrescentemos que a exposição dos fatos, além disso, deve obedecer a uma sequência lógica, ordenada, de tal forma que fluam com leveza e naturalidade, do primeiro ao último. Poucas coisas provocam tanta irritação no leitor quanto as narrações a que denominamos de "dessultórias", assim conceituadas aquelas em que o narrador salta de um fato para outro, vai ao fim e retorna ao começo, e nisso se consome, emaranhando e encambulhando os fatos com esses tumultuantes volteios do seu pensamento, que só fazem render tributos à obscuridade ou à ambiguidade, além de instalar uma justificável irritação no espírito do juiz e do adversário.

Fundamentos jurídicos do pedido. Após realizar a exposição dos fatos, o autor deverá mencionar os fundamentos jurídicos de sua pretensão. Tais fatos e fundamentos compõem, assim, a causa de pedir e revelam os motivos pelos quais o autor está a impetrar a prestação da tutela jurisdicional.

A ausência da *causa petendi* tornará inepta a petição inicial (CPC, art. 330, I e § 1º) e ensejará a extinção do processo, sem pronunciamento sobre as questões de fundo, da demanda (CPC, art. 485, I), se o autor não a emendar ou a complementar no prazo de quinze dias (art. 321).

Nos domínios doutrinais, formaram-se duas correntes acerca da causa de pedir, que vieram a desembocar nas teorias: a) da *substanciação* e b) da *individuação*. Diz-se, pela primeira, de origem germânica, que a *causa petendi* corresponde ao fato ou ao conjunto factual capaz de fundamentar as pretensões do autor, pois é dele que emana a conclusão (pedido). Dessa forma, é bastante que o autor aponte a relação jurídica substancial, da qual decorre o seu pedido, para que a causa de pedir se defina. A segunda, também nascida no seio da doutrina alemã, considera que a causa de pedir é a relação ou estado jurídico afirmado pelo autor como base de sua pretensão, colocando-se, com isso, o fato em posição secundária, salvo quando indispensável para individualizar a relação jurídica. Em suma, a *causa petendi*, para essa teoria, é formada pelos fatos alegados e pela correspondente repercussão que esses fatos produzem na ordem jurídica.

Não versando, nosso comentário, sobre norma que trate de teoria geral do processo não nos cabe, aqui, entretecer demorados comentários a respeito de outros aspectos concernentes às teorias citadas. Cumpre-nos observar, entretanto, que o art. 319, inciso III, do CPC, ao exigir, como um dos requisitos para a validade da petição inicial, a indicação dos fatos e dos fundamentos jurídicos do pedido, dá mostras de haver perfilhado a teoria da *substanciação* da causa de pedir. Não há, nisso, aliás, nenhuma novidade, pois o art. 158, inciso III, do diploma processual anterior de 1939, já refletia a adoção da aludida teoria, advertindo, inclusive, que os fatos e os fundamentos jurídicos deveriam ser expostos "com clareza e precisão", de maneira que o réu pudesse preparar a defesa — e, também, que fosse possível ao juiz compreendê-los, aditamos.

Peculiarmente, contudo, o art. 840, § 1º, da CLT, não menciona os fundamentos jurídicos do pedido como um dos requisitos da petição inicial. Teria havido, nisso, mera inadvertência do legislador, ou, ao contrário, uma sua efetiva intenção de dispensar a inicial trabalhista da indicação desses fundamentos? Por outras palavras: no processo do trabalho a *causa petendi* estaria circunscrita aos fatos?

Antes de respondermos a essa indagação, devemos investigar em que consistem, verdadeiramente, os fundamentos jurídicos do pedido, exigidos pelo processo civil.

Apressemo-nos em esclarecer que fundamentos jurídicos e fundamentos legais, ao contrário do que se tem imaginado, não são a mesma coisa. Enquanto estes últimos se referem aos dispositivos constantes do ordenamento normativo (leis, cláusulas contratuais ou inseridas em acordos ou convenções coletivas, ou, ainda, em acórdãos proferidos pelos tribunais, no exercício da jurisdição normativa), que atribuem ao autor o direito alegado, aqueles constituem a moldura jurídica dos fatos narrados, ou seja, a relação jurídica em que se baseiam os pedidos. Os fundamentos jurídicos, por estarem ligados ao objeto do processo, são extremamente importantes, entre outras coisas, para: a) aferir a juridicidade dos pedidos; b) determinar a individuação da demanda, com a finalidade de configurar a existência, ou não, de litispendência; c) estabelecer os limites — subjetivos e objetivos — da coisa julgada material.

Demais, conquanto o juiz possa apreciar os pedidos por fundamentos legais diversos dos apresentados pelo autor não lhe será lícito fazê-lo por fundamentos jurídicos não indicados pela parte.

Exaradas essas considerações, devemos concluir que, a despeito do silêncio do art. 840, § 1º, da CLT, a petição inicial, no processo do trabalho, deve referir os fundamentos jurídicos do pedido, que não se confundem, como procuramos demonstrar, com os fundamentos legais. Para clarificar: embora não se exija (mas, também, não se proíba, como é óbvio) ao trabalhador a indicação, na inicial, dos dispositivos legais que, segundo ele, estariam a conter o direito alegado, não lhe será permitido deixar de especificar, nessa peça postulatória, os fundamentos jurídicos do pedido, que são integrados, num sentido geral, pela relação jurídica, pelos fatos constitutivos e pela violação do direito, praticada pelo adversário.

Estatuía o art. 264, *caput*, do CPC revogado, que após a citação do réu o autor somente poderia modificar a causa de pedir (e o pedido) mediante o consentimento daquele, concluindo o parágrafo único desse dispositivo que a modificação não seria admissível, em nenhuma hipótese, após o saneamento do processo. Perguntávamos, na altura, se essa norma incidiria no processo do trabalho; e nós mesmos respondíamos: "sim, em termos". Argumentávamos que o que parecia ter levado o legislador processual civil a redigir o normativo em exame fora o fato de que qualquer modificação da *causa petendi* após a citação do réu poderia trazer prejuízo a este, pois o prazo para a contestação era legalmente preestabelecido (art. 297). No processo do trabalho, contudo, onde a resposta é oferecida em audiência, isto é, sem prazo fixo, não haja razão para obstar-se a modificação da causa de pedir, mesmo após a citação. Dava-se que, de ordinário, a audiência era realizada muitos meses depois de praticado o ato citatório, motivo por que deveria ser permitida a modificação de que estávamos a cuidar. É elementar que se deveria definir um prazo máximo, para que dita modificação pudesse ser feita. Assim sendo, poder-se-ia consenti-la desde que fosse assegurado ao réu o prazo mínimo de cinco dias, de que fala o art. 841, § 1º, da CLT, que seria quadruplicado no caso de tratar-se de pessoa jurídica abrangida pelas prerrogativas instituídas pelo Decreto-Lei n. 779/69 (art. 1º, inciso II). Não havendo, no processo do trabalho, despacho saneador, a modificação da *causa petendi* poderia ser autorizada, uniformemente, de acordo com o critério que de sugeríamos. O que não nos parecia recomendável era a estrita aplicação ao art. 294, do CPC, pois isso só faria render homenagem aos rigores formalísticos daquele processo, que não se coadunavam com a simpleza que deveria presidir o do trabalho.

O CPC atual permite o aditamento ou a alteração do pedido e da causa de pedir: a) independentemente de consentimento do autor, até a citação; b) com a anuência do réu, até o saneamento do processo, assegurando-se a este o contraditório (art. 329, I e II, respectivamente).

6.1.4. O pedido e suas especificações

A CLT, em seu art. 840, § 1º, como não poderia deixar de ser, faz expressa referência ao pedido.

A necessidade de a petição inicial especificar os pedidos pode ser mensurada pelo fato de o pedido constituir-se numa espécie de bitola que delimita a lide, e, em consequência, a própria entrega da prestação jurisdicional. Rememore-se a advertência feita pelo art. 141, do CPC, de que o juiz deve solucionar o mérito "nos limites propostos pelas partes". Mencionemos, também, o art. 492.

Por enquanto, devemos apenas antecipar que o pedido constitui o objeto da demanda, o motivo, enfim, pelo qual alguém ingressa em juízo para impetrar a prestação da tutela jurisdicional. Ninguém vai a juízo, simplesmente, por ir; provoca-se o exercício da função jurisdicional do Estado para formular pedidos, para deduzir pretensões. Podemos, na verdade, classificar os pedidos em *imediatos* e *mediatos*. O *imediato* consiste, exatamente, na referida invocação da tutela jurisdicional; aqui, o indivíduo se limita a ativar essa função estatal. O *mediato* é representado pela utilidade ou pelo bem da vida, que o autor pretende obter, ao impetrar a proteção jurisdicional do Estado. Essa é a mais pura razão pela qual ele ingressa e juízo.

A propósito, as partes (e o autor, em especial) têm uma visão eminentemente pragmática do processo, diferente, portanto, daquela que muitas vezes os magistrados possuem — escolástica, com algum menosprezo à realidade concreta.

No caso do art. 381, do CPC, a parte deverá indicar, na inicial, a prova que pretende ver produzida por antecipação, mencionando, também, os fundamentos de fato e de direito dessa postulação. O art. 382, aliás, determina que o autor apresente as razões que justificam a necessidade de antecipação da prova, além de mencionar, com precisão, os fatos sobre os quais a prova incidirá.

O pedido deverá ser certo e determinado. A *certeza* diz respeito à sua *existência*; a *determinação*, ao seu *objeto*.

6.1.5. A exigência de formulação de pedidos líquidos

A imposição para que a peça de provocação da atividade jurisdicional do Estado contenha pedidos *líquidos* surgiu com a Lei n. 9.099, de 26-9-1995, que dispôs sobre os Juizados Especiais Cíveis e Criminais. Lê-se no art. 14, § 1º, da precitada norma legal: "*Do pedido constarão, de forma simples e em linguagem acessível: I – (...); II – (...); III – o objeto e seu* ***valor***" *(destacamos).* Ulteriormente, a Lei n. 9.957, de 12-1-2000, que alterou a CLT para introduzir no sistema do processo do trabalho o *procedimento sumariíssimo*[(7)], também passou a exigir que a petição inicial indicasse o valor do pedido (CLT, art. 825-B, I).

Essa última norma legal atribuiu a seguinte redação ao art. 852-I, § 2º, da CLT: "*Não se admitirá sentença condenatória por quantia ilíquida*". Estabelecia-se, desse modo, uma sistematização harmônica dos dispositivos dessa

(7) *Os adjetivos que apresentam io antes de uma consoante fazem o superlativo em dois ii: friíssimo, necessariíssimo, seriíssimo, sumariíssimo. Não havendo consoante antes de io, o superlativo apresenta apenas um i: feíssima, cheíssima, dulcíssima (Luiz Antonio Sacconi, Não Erre Mais!, 9. ed., São Paulo: Ática, 1987. p. 50).*

Lei, porquanto se passou a exigir que se apresentassem *líquidos*: a) os pedidos constantes da inicial; e b) a condenação imposta pela sentença. Deu-se, porém, que o Sr. Presidente da República vetou o § 2º do art. 852-I, da CLT,[8] quebrando, com isso, a sistematização harmoniosa a que nos referimos há pouco, pois ficou mantida a exigência de que a inicial contivesse pedidos líquidos, embora se tenha dispensado a sentença de trazer condenação líquida. Diante disso (e considerando que o valor definidor do procedimento não era o dos pedidos, e sim, o da causa), perguntávamos: qual a utilidade de os pedidos expressos na inicial serem líquidos, se poderiam ser alterados – como, geralmente, acontecia – pela contestação, pelas provas que a instruíssem, por outras provas produzidas em audiência ou mediante perícia?

Essas indagações, formuladas há quase duas décadas, não se justificam em face da atual redação atribuída ao § 1º, do art. 840, da CLT, porquanto, aqui, a imposição de pedidos líquidos não se vincula à sentença, senão que, conforme veremos, *ao princípio da sucumbência* (CLT, art. 791-A).

Pois bem. O § 1º, do art. 840, da CLT, exige que da petição inicial conste o *valor do pedido*, vale dizer, *de cada pedido*. Não se suponha, portanto, que a exigência legal estaria cumprida com a simples indicação do valor *total* dos pedidos apresentados de maneira ilíquida.

Em que pese ao fato de, na ação cautelar de produção antecipada de provas, não se exigir a formulação de pedidos líquidos – pois o escopo dessa espécie de ação não é obter a condenação do réu ao pagamento de quantias –, a oportunidade nos motiva a lançar considerações a respeito dessa exigência legal, com vistas às iniciais que contenham pedidos de natureza pecuniária.

Comecemos por dizer que a nova redação dada ao § 1º do art. 840, da CLT, visou, a um só tempo, a atender:

a) a preceito de ordem ética, por modo a impedir a formulação de pedidos ilíquidos, ou, se líquidos, que excedam à própria repercussão pecuniária daquilo que o direito invocado concede. É oportuno observar que, não raro, alguns autores, mesmo podendo indicar o valor de cada *pedido* lançado na inicial, vinham se omitindo em fazê-lo, motivados por uma estratégia ardilosa destinada a fazer supor ao réu tratar-se de uma *causa* de pequena repercussão econômico-financeira, levando-o a negligenciar na elaboração da defesa. Acrescente-se a isso, o hábito de tais autores atribuírem à causa um valor muito inferior ao que decorreria da soma *dos pedidos* (se fossem apresentados de

---

(8) *Foram estas as razões do veto: "O § 2º do art. 852-I não admite sentença condenatória por quantia ilíquida, o que poderá, na prática, atrasar a prolação das sentenças, já que se impõe ao juiz obrigação de elaborar cálculos, o que nem sempre é simples de se realizar em audiência. Seria prudente vetar o dispositivo em relevo, já que a liquidação por simples cálculo se dará na fase de execução da sentença, que, aliás, poderá sofrer modificações na fase recursal".*

maneira líquida), e ter-se-á a medida da conveniência da estratégia processual que mencionamos;

b) a uma regra *pragmática*, porquanto será da diferença entre o valor do pedido, indicado na inicial, e o valor do acolhido pela sentença que se fará incidir o princípio da sucumbência (CLT, art. 791-A), por força do qual o autor será condenado a pagar honorários de advogado à parte contrária, naquilo em que não tiver êxito (CLT, art. 791-A, § 3º). Estabelece essa norma legal: "*Na hipótese de procedência parcial, o juízo arbitrará honorários de sucumbência recíproca, vedada a compensação entre os honorários*".

É importante rememorarmos a Justificativa do Projeto de Lei n. 6.787/2016 para atribuir nova redação ao § 1º, do art. 840, da CLT: "*As alterações promovidas no art. 840 têm como fundamento principal exigir que o pedido, nas ações trabalhistas, seja certo, determinado e que tenha o seu* valor *devidamente indicado. A exigência de que o pedido seja feito de forma precisa e com conteúdo explícito é regra essencial para garantia da boa-fé processual, pois permite que todos os envolvidos na lide tenham pleno conhecimento do que está sendo proposto, além de contribuir para a celeridade processual com a prévia liquidação dos pedidos na fase de execução judicial, evitando-se novas discussões e, consequentemente, atrasos para que o reclamante receba o crédito que lhe é devido*".

Não se ignora que, na prática, os autores encontrarão dificuldade para formular pedidos com valor expresso, por não disporem, no momento de elaborarem a petição inicial, de elementos concretos e fidedignos, que os possibilitem definir esses valores. Haverá casos em que a indicação do valor do pedido será inviável ou injustificável, como quando: a) somente mediante exame pericial contábil for possível apurar-se o valor das comissões devidas ao autor da ação ou quais teriam sido os lucros e os resultados da empresa, para efeito de calcular-se a participação do trabalhador; b) tratando-se de adicional de insalubridade: como o autor poderia definir, a *priori*, o valor correto do pedido, se a própria classificação do grau de insalubridade dependia de exame pericial (CLT, art. 195, § 2º); c) o ator formular pedido de indenização por danos materiais, decorrentes de incapacitação para o trabalho em virtude de doença ocupacional, cuja verificação dependerá de perícia médica. Para situações que tais, deverá ser admitida a formulação de *pedido genérico*, com fundamento no inciso II, do art. 324, do CPC. A propósito, uma advertência se faz necessária: o sentido genérico do pedido, a que se refere a norma processual mencionada, reside em seu aspecto quantitativo (*quantum debeatur*), não em seu elemento ontológico (*an debeatur*). Se assim não fosse, haveríamos de concluir que a norma autorizaria, até mesmo, as postulações *incertas*. Hoje, em nosso meio, a *certeza* é um elemento que deve estar presente não só na inicial, como na sentença, pois esta deve ser *certa*, ainda quando resolva relação jurídica condicional (CPC, art. 492, parágrafo único). A *condição* é elemento de direito material e está prevista no art. 121 do Código Civil: "*Considera-se condição a cláusula que, derivando exclusivamente da vontade das partes, subordina o efeito do negócio jurídico a evento futuro e incerto*".

Conforme asseveramos há pouco, a *certeza* do pedido se refere à sua *existência* – embora sejam admissíveis, em certas situações, os denominados *pedidos implícitos*, como seriam os casos, no processo do trabalho, da correção monetária e dos juros da mora. A *determinação* do pedido diz respeito ao seu *objeto*.

Haverá também situações em que a definição do valor dos pedidos somente será possível após a apresentação de documentos que se encontram em poder do réu. Nesta hipótese, poderão ser adotados alguns procedimentos, a saber:

a) *para que a petição inicial expresse, desde logo, o valor dos pedidos*, incumbirá ao autor ingressar com pedido de tutela de urgência de natureza cautelar (CPC, art. 301) ou com ação de produção antecipada de prova (CPC, art. 381), fundando-se no art. 324, § 1º, III, do CPC, assim redigido: "§ 1º É lícito, porém, formular pedido genérico: I – (...); III - quando a determinação do objeto ou do ***valor** da condenação* ***depender de ato a ser praticado pelo réu***" (destacamos). Apresentados os documentos necessários, os pedidos deverão ser liquidados antes de serem postos na inicial;

b) *para que o valor seja fixado após a apresentação da defesa*, o autor deverá suscitar o incidente de exibição de documentos, regulado pelos arts. 396 a 404, do CPC; exibidos os documentos, o juiz concederá prazo para que o autor emende a petição inicial, no prazo de quinze dias, indicando o valor dos pedidos formulados (CPC, art. 321, *caput*), sob pena de indeferimento da petição inicial *(ibidem,* parágrafo único).

Dir-se-á, talvez, que a possibilidade de haver essa emenda encontra óbice no art. 329, II, do CPC, que permite o aditamento ou a alteração do pedido e da causa de pedir, após o saneamento do processo, somente se houver consentimento do réu. Se assim se alegar, devemos contra-argumentar, em caráter proléptico, que a emenda à inicial, de que estamos a tratar, não implicará *aditamento* nem *alteração* do pedido. Expliquemo-nos. *Aditamento* e *modificação* não se confundem. Aquele representa o *acréscimo quantitativo de pedidos*, vale dizer, a inclusão, na mesma causa, de pedidos inicialmente omitidos; esta não implica a formulação de novos pedidos, senão que a *modificação dos já existentes* (ou da causa de pedir).

Ora, se o juiz do trabalho conceder prazo para que o autor, após haver obtido do réu os documentos necessários, indique o valor dos pedidos formulados na inicial, não estará autorizando nenhum aditamento e nenhuma alteração, se não que permitindo ao autor emendar a petição inicial, a fim de dar cumprimento à determinação contida no § 1º, do art. 840, da CLT, para que o pedido possua uma expressão pecuniária. Efetuada a emenda, o juiz concederá prazo de quinze dias, ao réu, para que se manifeste a respeito. Especificamente para essa finalidade pode-se invocar a incidência analógica do disposto no inciso II, do art. 329, do CPC.

Em síntese:

a) a redação do § 1º, do art. 840, da CLT, é inequívoca ao determinar que os pedidos lançados na inicial sejam formulados de maneira líquida, vale dizer, com a indicação do correspondente valor;

b) as razões pelas quais a Lei n. 13.467/2017 deu nova redação a esse dispositivo legal estão intimamente vinculadas a preceito ético e a regra *pragmática* – esta última, ligada ao princípio da *sucumbência*, trazido por essa mesma norma legal, mediante a inserção, na CLT, do art. 791-A;

c) para que a petição inicial expresse, *desde logo*, o valor dos pedidos – mas o autor não disponha de dados ou elementos para isso –, ele poderá ingressar com ação de tutela de urgência de natureza cautelar (CPC, art. 301) ou com ação de produção antecipada de provas (CPC, art. 381), fundando-se no art. 324, § 1º, III, do CPC;

d) para que o valor seja fixado *após a fase de apresentação da defesa, o* autor não fará, desde logo, na inicial, a indicação do valor do pedido, reservando-se (mediante requerimento dirigido ao juízo) para mencionar esse valor: d.a) após a apresentação da defesa, caso seja instruída com os elementos necessários à fixação do valor do pedido; d.b.) mediante a suscitação do incidente de exibição de documentos, regulado pelos arts. 396 a 404, do CPC, caso a defesa se apresente desacompanhada de documentos; d.c.) havendo revelia, o juiz fixará prazo para que o autor proceda à liquidação dos pedido. Em todas essas situações, o juiz concederá o prazo de quinze dias para o autor emendar a petição inicial, indicando o valor dos pedidos formulados (CPC, art. 321, *caput*), sob pena de indeferimento dessa petição (*ibidem*, parágrafo único);

e) a exigência estampada no § 1º, do art. 840, da CLT, também incide no caso de pedidos *alternativos* (CPC, art. 325), *subsidiários* (*ibidem*, art. 326) e *cumulados* (*ibidem*, art. 327). Para efeito de fixação do *valor da causa* (CPC, art. 291) deverão ser observados os incisos VII, VII e VI, respectivamente, do art. 292, do CPC;

f) em determinados casos, será lícito ao autor formular *pedido genérico*, com fulcro no inciso III, do art. 324, do CPC, hipótese em que a fixação do valor será estabelecida pela sentença ou diferida para a fase de liquidação (CLT, art. 879). Tal seria o caso, entre outros, do pedido de participação nos lucros e resultados da empresa;

g) enfim, em casos que dependam de exames periciais (contábeis, médicos etc.), o juiz deverá permitir a formulação de pedidos ilíquidos, sob pena de obstar o exercício do direito (ou garantia) constitucional de ação (CF, art. 5º, XXXV).

Cremos que não estaremos sendo acometidos de cerebração fantasiosa se afirmarmos que a imposição legal de formulação de pedidos líquidos terá caído como uma espécie de meteoro arrasador no cenário do processo do trabalho, por forma a gerar intensa inquietação tanto no espírito dos advogados quanto no dos juízes. Nos advogados, porque sobre eles recai a responsabilidade e a dificuldade de formulação de pedidos com valor líquido, situação agravada pelo risco da sucumbência; nos magistrados, porque poderão ser levados a apreciar infindáveis ações com pedido de tutela de urgência de natureza cautelar ou incidentes de exibição de documentos, ou a exarar incontáveis despachos, determinando que o autor emende a petição inicial, sob pena de indeferimento, por forma a sobrecarregar, ainda mais, o volume de trabalho nos gabinetes desses magistrados.

Nem mesmo o processo civil, com sua tradição formalista, se atreveu a impor que o pedido se apresentasse líquido, na inicial. O art. 319, IV, do CPC, mais sensato, exige que o pedido seja acompanhado de "suas especificações". Nem mesmo por antonomásia se poderá considerar os vocábulos *especificação* e *valor* como sinônimos entre si.

A exigência de indicação do valor dos pedidos, na inicial, não conflita com o art. 879, da CLT, que prevê a *liquidação* da obrigação materializada na sentença condenatória. Enquanto a menção do valor do pedido, na inicial, está vinculada, conforme dissemos, ao princípio da *sucumbência*, a liquidação se destina a quantificar o valor da *condenação* – que será, posteriormente, cotejado com o do pedido, para efeito da sucumbência.

No caso de revelia – que se configura pela ausência injustificada de contestação –, o juiz, em nome da presunção legal de veracidade dos fatos alegados na petição inicial (CLT, art. 844, *caput*; CPC, art. 344), não estará obrigado a impor ao revel uma condenação *segundo os valores apontados na inicial*, desde que possa demonstrar que esses valores são exorbitantes, à luz das normas legais ou convencionais incidentes.

Rememoremos que o *efeito* da revelia incide, unicamente, sobre *fatos*; não, sobre normas legais.

Se o juiz entender que o autor possui condições de indicar o valor dos pedidos estampados na inicial, mas não o fez, não deverá, de plano, indeferir essa petição, como parece constar do § 3º, do art. 840, da CLT: cumprir-lhe-á aplicar o art. 321, do CPC – de manifesta compatibilidade com o processo do trabalho –, determinando que o autor supra a falha, no prazo de quinze dias. Somente se o autor não atender a esse despacho é que a petição inicial deverá ser indeferida (CPC, art. 321, parágrafo único), com a consequente extinção do processo sem resolução do mérito (CPC, art. 485, I).

Por outro lado, cumprirá ao magistrado ser extremamente cauteloso na aplicação do art. 791-A, da CLT, consagrador do princípio da *sucumbência*. Nem se ignore o fato de, em alguns casos, o autor haver ingressado em juízo sem advogado, conforme lhe faculta o art. 791, *caput*, da CLT, elaborando, ele mesmo, a petição inicial, ou vindo a fazer uso da faculdade que lhe defere o § 2º, do art. 840, da CLT, exercendo, de modo oral, o direito constitucional de ação. Também neste último caso ele deverá apresentar ao serventuário os valores *exatos* de seus pedidos? Ou a liquidação deverá ser feita pelo próprio serventuário? Respondemos negativamente, com fundamento na ressalva legal: "no que couber" (CLT, art. 840, § 2º).

Nas duas situações supracitadas, a regra do § 1º do art. 840, da CLT, se for interpretada à risca, ou seja, em sua expressão unicamente literal, beira a surrealismo institucional.

Perguntamos: para serem evitadas as dificuldades e os contratempos derivantes do atendimento ao disposto no § 1º, do art. 840, da CLT, não seria possível entender que o *valor* a que se refere essa norma legal poderia ser apenas *estimado* pelo autor e não, necessariamente, *exato, preciso*?

Em que pese ao fato de essa interpretação parecer estar mais adequada aos princípios do processo do trabalho, devemos advertir que ela traz menos segurança jurídica ao autor. Para que a nossa afirmação seja adequadamente entendida, devemos, antes, observar que a estamos formulando com base no entendimento doutrinário a até esta altura predominante, segundo o qual o art. 791-A, da CLT, estaria a consagrar a sucumbência *parcial* – quando, a nosso ver, o que aí está é a sucumbência *total* ou *recíproca*. Em termos objetivos, essa corrente doutrinal sustenta que os honorários de sucumbência deverão ser calculados entre a diferença do valor indicado na inicial e o que foi objeto da sentença condenatória. Nós mesmos, nos primeiros momentos de vigência da Lei n. 13.467/2017, perfilhávamos esse entendimento. Pois seja. No caso de entender-se que o valor deva ser exato, o autor poderá valer-se de um dos procedimentos que sugerimos em linhas anteriores, fato que reduzirá, expressivamente, o risco da sucumbência. Caso, porém, cogitemos de um pedido apenas *estimado*, o risco será enorme. Digamos que o autor haja *estimado*, na inicial, em R$ 50.000,00 o valor das horas extras postuladas; apresentados os documentos pelo réu, o autor verifica que muitas dessas horas foram pagas, de tal modo que o seu pedido deveria ter sido, digamos, de R$ 20.000,00. Vindo a sentença a conceder-lhe R$ 20.000,00 a título de horas extras, ele sucumbiria em R$ 30.000,00 (diferença entre o que pediu e o que lhe era devido). Não vemos como, nesta hipótese, o autor possa aditar a petição inicial para corrigir o valor de R$ 50.000,00 para R$ 20.000,00.

Uma ressalva necessária: como passamos a entender que o art. 791-, da CLT, consagra o princípio da sucumbência *total* (ou recíproca), no exemplo formulado o autor não seria condenado ao pagamento de honorários advocatícios, porquanto não teria sucumbido, integralmente, em relação ao pedido formulado.

Ao contrário do processo do trabalho, o processo civil consagrou o princípio da sucumbência parcial, conforme revela o parágrafo único do art. 86, do CPC.

Há mais. Se o autor, para tentar esquivar-se ao risco da sucumbência *estimar* um valor dos pedidos:

> 1) muito *abaixo* do que seria o correto, não evitará um outro risco: o de a sentença condenar o réu ao pagamento do valor apontado na inicial, e não em valor superior a isso, sob pena de perpetrar transgressão ao art. 492, *caput,* do CPC, e de ensejar a que o réu alegue a nulidade da sentença, no tocante ao excesso de condenação (*ultra petita*). Além disso, o advogado do autor poderia vir a ser responsabilidade pelo seu cliente por haver estimado um valor muito aquém do que seria devido a este;
>
> 2) muito *acima* do que o correto, e a sentença vier a conceder-lhe abaixo disso (ou seja, o valor correto), sujeitar-se-á ao risco de ser duramente atingido pela sucumbência (CLT, art. 791-A, § 3º).

Conclusivamente, e para dissipar eventuais dúvidas remanescentes:

> a) entendemos que a nova redação dada ao § 1º, do art. 840, da CLT, decorreu da preocupação de romper – por motivos de ordem ética e pragmática – com a antiga e arraigada tradição, consistente na formulação de pedidos ilíquidos, assim entendidos os que se apresentavam sem a sua expressão pecuniária;
>
> b) ao aludir ao *valo*r do pedido, a norma citada exige que este seja *exato*, e não, meramente *estimado* pelo autor da ação;
>
> c) somente em casos excepcionais será admissível que a causa chegue a julgamento sem que o valor dos pedidos formulados na inicial tenha sido indicado, como no caso de *pedidos genéricos* (CPC, art. 324, II).
>
> d) nos casos em que o autor, não sendo advogado, estiver fazendo uso do *ius postulandi* que lhe atribui o art. 791, *caput*, da CLT, cumprirá ao juiz atenuar (ou, em certas situações, até mesmo desconsiderar) a exigência expressa pelo § 1º, do art. 840, da CLT, sob pena de inibir o exercício do direito constitucional de ação;
>
> e) idealmente, o autor somente deveria ser condenado às sanções da sucumbência se o valor dos pedidos apontados na inicial houvesse decorrido de má-fé.

Por outro lado, a exigência de que a inicial contenha pedidos líquidos somente será possível em relação às iniciais protocoladas em juízo a partir de 11 de novembro de 2017, quando a Lei n. 13.467/2017 entrou em vigor. É necessário observar que as petições iniciais protocoladas anteriormente à vigência dessa

Lei não apresentam (em geral) pedidos líquidos, pois a legislação vigente à época não continha exigência quanto a isso. Ademais, como os pedidos formulados pelo autor não eram líquidos, o juiz não terá como confrontar esses pedidos com o valor da condenação que vier a impor ao réu, para efeito (CLT, art. 791-A). Cuida-se, pois, de uma questão de direito intertemporal.

A propósito, o TST aprovou a Instrução Normativa n. 41/2018 (Resolução n. 221, de 21-6-2018), cujo art. 6º estabelece: "*Na Justiça do Trabalho, a condenação em honorários advocatícios sucumbenciais, prevista no art. 791-A, e parágrafos, da CLT, será aplicável apenas às ações propostas após 11 de novembro de 2017 (Lei nº 13.467/2017). Nas ações propostas anteriormente, subsistem as diretrizes do art. 14 da Lei nº 5.584/1970 e das Súmulas nºs 219 e 329 do TST*".

Haverá casos excepcionais, em que a exigência de formulação de pedidos líquidos deverá ser afastada, como nas situações que impõem a realização de exame pericial, contábil etc. A não se entender assim, poderá haver violação da garantia constitucional de invocação da tutela jurisdicional (CF, art. 5º, XXXV).

Em suma, a importância do assunto nos motiva a reiterar a sugestão feita à jurisprudência trabalhista, como medida destinada a abrandar as consequências perversas da exigência estampada no art. 840, § 1º, da CLT, de *prévia* liquidação dos pedidos lançados na inicial:

a) deverá ser admitida a formulação de pedidos *provisoriamente genéricos*, com fundamento no inciso III, do § 1º do art. 324, do CPC; a quantificação dos valores ficará diferida para a fase pós-contestação;

b) como não se pode negar vigência ao § 1º do art. 840, da CLT, cumprirá ao juiz, após receber a contestação (com os documentos que a instruem), não só fixar prazo para que o autor se manifeste sobre a contestação e os documentos, como também proceda, agora sim, à *liquidação* (*incidental*, portanto) dos pedidos – que deixarão de ser genéricos –, sob pena de indeferimento da petição inicial, sem resolução do mérito, no que respeita aos pedidos não liquidados (CPC, arts. 321 e 485, I). No caso de revelia, o juiz fixará o prazo de quinze dias para que o autor proceda à liquidação dos pedidos; caso contrário, o processo será extinto sem resolução do mérito;

c) em casos excepcionais, como os que requerem a realização de exame pericial, a autorização para a formulação de pedidos ilíquidos não ofende o § 1º do art. 840, da CLT, pois se destina a preservar o exercício da garantia constitucional da ação;

e) de igual modo, não se deve exigir a liquidez dos pedidos quando o autor estiver no exercício do *ius postulandi* que lhe atribui o art. 791, *caput*, da CLT, sob pena, também aqui, de cercear-lhe o direito constitucional de ação.

Devemos esclarecer que a nossa sugestão:

1) constitui uma adaptação do inciso III, do § 1º do art. 324, do CPC, ao § 1º, do art. 840, da CLT, por forma a; 1.1.) permitir a formulação de pedidos *provisoriamente genéricos*; 1.2.) conduzir, em consequência, a uma liquidação *incidental* dos pedidos constantes da peça inicial;

2) não pretende se constituir numa panaceia para *todas* as situações ocorrentes no cotidiano forense, até porque haverá casos em que a contestação não estará acompanhada de documentos, ou em que essa modalidade de resposta do réu nem sequer será apresentada (revelia);

3) visa à *relativização* da exigência contida no § 1º, do art. 840, da CLT, para salvaguardar, em alguns casos, o exercício do direito constitucional de ação.

À guisa de informação, devemos dizer que STJ tem admitido a formulação de *pedido genérico*, por exemplo, em ação visando à obtenção de indenização por dano moral. Sirva, como corolário, a ementa a seguir reproduzida:

"DIREITO PROCESSUAL CIVIL. RECURSO ESPECIAL. APLICAÇÃO DO CPC/1973. AÇÃO DE INDENIZAÇÃO POR DANO MATERIAL E COMPENSAÇÃO POR DANO MORAL. COBRANÇAS INDEVIDAS. INSCRIÇÃO EM CADASTRO DE INADIMPLENTES. PEDIDO GENÉRICO. POSSIBILIDADE. INDIVIDUALIZAÇÃO DA PRETENSÃO AUTORAL. VALOR DA CAUSA. QUANTIA SIMBÓLICA E PROVISÓRIA.

1. Ação ajuizada em 16/12/2013. Recurso especial interposto em 14/05/2014. Autos atribuídos a esta Relatora em 25/08/2016.

2. Aplicação do CPC/73, a teor do Enunciado Administrativo n. 2/STJ.

3. É pacífica a jurisprudência desta Corte quanto à possibilidade de formulação de pedido genérico de compensação por dano moral, cujo arbitramento compete exclusivamente ao juiz, mediante o seu prudente arbítrio.

4. Na hipótese em que for extremamente difícil a imediata mensuração do quantum devido a título de dano material - por depender de complexos cálculos contábeis -, admite-se a formulação de pedido genérico, desde que a pretensão autoral esteja corretamente individualizada, constando na inicial elementos que permitam, no decorrer do processo, a adequada quantificação do prejuízo patrimonial.

5. Em se tratando de pedido genérico, o valor da causa pode ser estimado em quantia simbólica e provisória, passível de posterior adequação ao valor apurado na sentença ou no procedimento de liquidação.

6. Recurso especial parcialmente provido".

(RE n. 1.534.559 – SP, Relatora Ministra Nancy Andrighi, publicado no DJe de 1º-12-2016).

6.1.6. *Valor da causa*

O valor da causa deveria ter sido o último requisito mencionado pelo art. 319, do CPC, seja por um motivo de ordem lógica, seja porque, na prática, há longos anos, é assim que as petições iniciais se apresentam.

Pois bem. O digesto de processo civil exige que a petição inicial indique o valor da causa. A CLT nada nos diz a respeito. Seria, então, de perguntar: no processo do trabalho a inicial não precisa mencionar esse valor? Respondamos com prudência.

É evidente que as causas judiciais, inclusive as trabalhistas, devem, em princípio, ter um valor econômico estimado (CPC, art. 291). No sistema do processo civil esse *quantum* deve ser apontado desde logo, ou seja, na petição inicial. No do trabalho, entretanto, embora não se proíba que o valor venha referido nessa peça, não se exige que ela o contenha. Tanto isso é certo, que o art. 2º, *caput,* da Lei n. 5.584/70, dispõe que se o juiz verificar que a inicial não menciona o valor da causa, ele, antes de passar à instrução, o arbitrará. Ao contrário do CPC (art. 321), a norma trabalhista não diz que o juiz assinará prazo para que o autor supra a (suposta) omissão. Dessa maneira, podemos concluir que, a despeito de as causas trabalhistas também deverem possuir um valor econômico, este não necessita ser apontado na inicial.

No processo civil, vários são os motivos pelos quais as causas devem apresentar um valor econômico (na inicial, como vimos), entre os quais se destacam: a) a determinação da competência, em razão, exatamente, do valor da causa naqueles Estados cuja lei de organização judiciária haja criado cargos de juízes, togados ou leigos, incumbidos do julgamento das causas de que trata o art. 98, I, da Constituição Federal; b) a fixação da taxa judiciária, das custas e de outras despesas processuais; c) a limitação da interponibilidade de recurso extraordinário para o Supremo Tribunal Federal.

O CPC, em seu art. 292, estabelece os critérios a serem considerados para efeito de atribuir-se valor econômico à causa.

No processo do trabalho, a necessidade de dar-se valor à causa emana de três razões fundamentais: a) estabelecer o procedimento (ordinário ou sumaríissimo) a que a causa se submeterá; b) definir a possibilidade de a sentença, aí proferida, ser recorrível, ou não; c) calcular o valor das custas, em casos como o de extinção do processo, sem julgamento do mérito, decorrente da ausência injustificada do autor à audiência "inicial"; do indeferimento da petição inicial; da desistência da ação etc.

No tocante à letra "a", devemos acrescentar que a Lei n. 5.584/70 (art. 2º, § 4º) instituiu as denominadas "ações de alçada exclusiva dos órgãos de primeiro grau", cujo efeito prático foi o de impedir a interposição de recurso (ordinário) das sentenças aí proferidas, exceto se a decisão violar a letra da Constituição Federal ou os princípios em que ela se apoia (Const. Fed., art. 52, § 2º). Nesta hipótese, caberá recurso extraordinário ao STF, ficando a matéria impugnada ("devolução") restrita a que tenha perpetrado ofensa à Constituição.

Alguns intérpretes afoitos, do texto constitucional em vigor, chegaram a afirmar que o § 4º, art. 2º, da sobredita Lei n. 5.584/70, teria sido revogado pelo art. 5º, inciso LV, da atual Suprema Carta Política. O fundamento dessa tese se concentra na suposição de que a antedita norma constitucional, ao assegurar aos litigantes e aos acusados em geral o contraditório e a ampla defesa, "com os meios e recursos a ela inerentes", teria feito desaparecer aquela norma infraconstitucional. *Data venia*, se esses intérpretes açodados houvessem se dedicado a um estudo de nossa história constitucional, teriam percebido que, com pequenas nuanças de literalidade, as Constituições Republicanas de 1891 (art. 72, n. 16), 1934 (art. 113, n. 24), 1946 (art. 141, § 25), 1967 (art. 150, § 15), com a Emenda n. 1/69 (art. 153, § 15), numa sequência cronológica somente quebrada (por motivos políticos conhecidos) pela Carta outorgada em 1937, sempre asseguraram aos indivíduos (e às coletividades) o contraditório e a ampla defesa, com os "meios e recursos" a esta imanentes. Sublinhando: o fato de a vigente Constituição empregar o vocábulo *recurso*, ao cuidar do contraditório e da ampla defesa, não constitui, portanto, nenhuma novidade, pois isso faz parte de nossa tradição constitucional, como procuramos demonstrar. É algo que coincide com a aurora de nossa vida republicana.

Além disso, a Constituição Federal não é um código de processo, de tal maneira que as palavras, nela inseridas, devam ser interpretadas segundo o rigor técnico da terminologia processual.

Em síntese, o art. 52, inciso LV, da Constituição Federal de 1988, não revogou o § 4º, do art. 2º, da Lei n. 5.584/70. Segue-se, que, tirante a possibilidade de ofensa à Constituição, continuam a ser irrecorríveis as sentenças emitidas nas ações de alçada exclusiva dos órgãos de primeiro grau da jurisdição trabalhista, salvo se implicarem violação à Constituição da República. Daí, a importância que ostenta o valor atribuído à causa. Advirta-se que o valor a ser levado em conta para definir a recorribilidade, ou não, de tais sentenças, é o atribuído *à causa*, e não o do pedido ou o arbitrado à condenação. Expliquemo-nos.

Basicamente, cinco valores são fixados em uma ação: 1) o da causa; 2) o do pedido; 3) o da condenação; 4) o da execução; 5) o da transação. O que define a possibilidade de a sentença ser impugnada, ou não, é, como asseveramos, o valor dado *à causa*, seja na inicial ou mediante arbitramento do juiz, em audiência, antes de dar início à instrução. Dessa forma, se à causa se atribuiu valor inferior ao de dois salários-mínimos, mas o da condenação corresponde, digamos, a cem salários-mínimos, a sentença será irrecorrível, observada a ressalva feita quanto à violação constitucional.

Esse concluimento nos coloca diante de uma outra indagação, de relevante interesse prático: pode o juiz do trabalho, por sua iniciativa, alterar o valor que o autor deu à causa, na inicial?

Mesmo no tempo em que o sistema do CPC repelia essa possibilidade, sustentávamos o entendimento de que o juiz do trabalho poderia alterar, por sua iniciativa, o valor atribuído à causa, na inicial.

Em linhas gerais, estes eram os nossos argumentos: via de regra, o valor da causa deve corresponder ao do pedido. Isso era absolutamente essencial à compreensão do assunto. A razão era palmar: se a toda causa deve ser atribuído um valor econômico, é elementar que esse valor está ligado àquilo que o autor pede em juízo, vale dizer, ao pedido mediato, à obtenção de um bem ou de uma utilidade da vida, economicamente apreciáveis. Ora, se, por exemplo, os pedidos do autor, expressos sob a forma líquida, na inicial, equivalem a *cem* salários-mínimos, nenhum motivo eticamente defensável haverá para o fato de atribuir, p. ex., valor inferior ao de *dois* salários-mínimos.

Sabemos que, em situações como essa, o autor concede à causa um valor irrisório por encontrar-se seguro quanto ao sucesso na ação (talvez, em face da matéria que dá conteúdo à demanda). Com esse expediente, ele visa a impedir o réu de recorrer da sentença condenatória. O processo, no entanto, é provido de um substrato ético, enquanto método estatal de solução dos conflitos de interesses. Esse inafastável conteúdo ético, a propósito, justifica as sanções previstas no CPC para os casos de litigância de má-fé, assim como para os embargos de declaração protelatórios e para os atos atentatórios à dignidade do Poder Judiciário.

Sob o pano de fundo desse substrato ético, toma-se despicienda a circunstância de o réu não haver impugnado o valor dado à causa, na inicial. Sobreleva à sua inadvertência o fato de o processo consistir, como advertimos, um método não só oficial e heterônomo (logo, indisponível), mas, essencialmente ético, de solução dos conflitos. Assim, se o juiz, na qualidade de condutor do processo, convencer-se de que qualquer das partes está praticando ato capaz de acarretar lesão ao mencionado conteúdo ético, deverá tomar a iniciativa de dar cobro a isso. Na espécie de que estamos a cuidar, caber-lhe-á modificar o valor dado à causa (seja para mais ou para menos), sempre que tiver diante de seus olhos elementos que lhe permitam concluir que o autor está atribuindo à causa um valor irreal.

Insistíamos nesse assunto, para que a nossa opinião fosse adequadamente entendida.

Então, prosseguíamos: não estamos a sugerir que o juiz, em todo e qualquer caso, tome a iniciativa de alterar o valor da causa. Por isso, formularemos algumas regras para que essa intervenção *ex officio* se legitime. Em primeiro lugar, a iniciativa judicial nessa matéria só se justifica se a modificação do valor da causa, por ele realizada, for capaz de gerar repercussão em tema de procedimento ou de recorribilidade da sentença. Exemplifiquemos. No primeiro caso, se o autor der à causa um valor não superior a quarenta salários-mínimos, o procedimento será sumariíssimo (CLT, art. 852-A); no segundo — que mais nos interessa —, se a ela for atribuído valor inferior ao de *dois* salários-mínimos, quando o do próprio pedido corresponde, *e. g*, a muito mais do que dois salários mínimos, torna-se necessária a intervenção judicial *ex officio*. O mesmo se diga na situação inversa: o valor pespegado à causa é muito superior ao de dois salários-mínimos, quando o do pedido mal chega a um salário mínimo. Ademais, essa iniciativa do juiz deve ser norteada por elementos objetivamente perceptíveis, vale dizer, a elevação ou redução do valor da causa, que vier a efetuar, deverá, de modo geral, derivar de um confronto entre o valor constante da inicial e o do pedido. Isso significa afirmar que se o pedido não se encontrar expresso em valores líquidos, dificilmente o juiz terá condições (concretas) de alterar o valor dado à causa, na inicial, pois qualquer modificação que fizer, quanto a isso, poderá ser de foro subjetivo. É claro que se o valor do pedido for ilíquido, mas os autos contiverem elementos objetivos, que permitam ao juiz concluir que o valor atribuído à causa não corresponde à realidade desses elementos, o valor daquela deverá ser modificado. Muitas vezes, p. ex., embora o pedido não se apresente sob a forma líquida (em decorrência de um gesto estratégico do próprio autor), os autos indicam que o seu salário mensal correspondia a dez vezes o do mínimo legal; ora, tendo este pedido a condenação do réu ao pagamento de aviso-prévio (30 dias), de férias e de 13º salário integrais, sem precisar, no pedido, os pertinentes valores, mas der à causa um valor inferior ao de dois salários-mínimos, estará patente o seu intuito de beneficiar-se (ainda que em tese, pois se a sentença lhe for desfavorável ele poderá ser vítima de sua própria velhacada) dessa atitude sorrateira e desleal.

E concluíamos: o juiz do trabalho, a quem a lei concede ampla liberdade na direção do processo (CLT, art. 765), não pode permitir que sejam perpetrados, sob seus olhos, semelhantes assaltos contra o substrato ético desse mesmo processo. Nesse concerto, eventual tolerância do magistrado soaria a conivência lamentável. Ou a uma quase-prevaricação.

Nossos argumentos, embora não tenham sensibilizado a jurisprudência trabalhista da época, parecem ter sensibilizado o CPC atual. Realmente, estabelece o § 3º do art. 292 desse Código que: "O juiz corrigirá, de ofício e por arbitramento, o valor da causa quando verificar que não corresponde ao conteúdo patrimonial em discussão ou ao proveito econômico perseguido pelo autor, caso em que se procederá ao recolhimento das custas correspondentes". Nunca nos sentimos desolados por havermos adotado, outrora, uma atitude heterodoxa em face da doutrina e da jurisprudência trabalhistas, que, apegadas a velhas concepções, não admitiam a possibilidade de o juiz do trabalho alterar o valor atribuído à causa, na inicial — ainda que esse valor estivesse a causar escoriações a certos princípios éticos do processo. Pois bem. Com o advento do atual CPC, somente por teimosia obstinada se poderá continuar sustentado a impossibilidade de o juiz do trabalho alterar, por sua iniciativa, o valor da causa, nos termos do § 3º art. 292 do CPC.

A fixação do valor da causa em salários-mínimos, para efeito de recorribilidade da sentença, é estabelecida pela Lei n. 5.584/70 (art. 2º, § 4º, com a redação que lhe deu a Lei n. 7.402, de 5.11.85). Não estaria, contudo, esse dispositivo da norma ordinária revogado pelo art. 7º, inciso IV, da Constituição Federal em vigor, que veda a vinculação do salário mínimo "para qualquer fim"? Entendemos que não. Como afirmamos em linhas anteriores, o que a Constituição está a proibir, a nosso ver, é a utilização desse salário com vistas, p. ex., à fixação do valor de alugueis, de multas, de preços em geral, pois isso tem efeito reconhecidamente inflacionário. A simples adoção do salário mínimo, porém, para a definição das ações da alçada exclusiva dos órgãos de primeiro grau da Justiça do Trabalho não tem nenhuma repercussão inflacionária; logo, não afeta a economia do país. Destarte, a mantença do salário mínimo, para essa finalidade, não entra em conflito com os verdadeiros motivos que determinaram a elaboração da citada norma constitucional. Esse entendimento, que desde sempre sustentamos, acabou sendo perfilhado pela Súmula n. 356 do TST.

Também no processo do trabalho podem ser aplicados alguns dos critérios traçados pelo art. 292 do CPC, para efeito de fixar-se o valor da causa, seja pelo autor ou pelo juiz. Assim: 1) na cobrança de dívida, serão computados o principal e a correção monetária e outras penalidades, se houver (I). Conforme o CPC, entrarão ainda os juros da mora "vencidos até a propositura da ação". Esse critério, no entanto, não deve ser observado no processo do trabalho, onde os juros moratórios somente são devidos a contar do ajuizamento da inicial (CLT, art. 883); 2) havendo cumulação de pedidos, o valor da causa será obtido pela soma de todos eles (VI); 3) sendo alternativos os pedidos, considerar-se-á o de maior valor (VII); 4) existindo pedido subsidiário, adotar-se-á o valor do principal (VIII); 5) o valor do contrato ou de sua parte incontroversa (II); 6) nas ações de indenização, inclusive, por dano moral, o valor pretendido (V); 7) no caso de prestações vencidas e vincendas, levar-se-á em conta o valor de umas e de outras. O valor das prestações vincendas será igual a uma prestação anual, se a obrigação for por tempo indeterminado ou por tempo superior a um ano; se por tempo inferior, será igual à soma das prestações (§ 1º).

As situações previstas nos demais incisos do art. 292 (III e IV), do CPC, são inaproveitáveis no terreno peculiar do processo do trabalho, por versarem sobre matérias que não se encaixam na competência desta Justiça Especializada.

O Supremo Tribunal Federal firmou o entendimento de que, na ação rescisória, o valor da causa deve ser o mesmo que se atribuiu à demanda que foi apreciada pelo acórdão rescindendo. Para que esse critério seja aceitável, torna-se indispensável, todavia, a correção monetária do aludido valor, que não é "rendimento" do capital, como tem alardeado a retórica oficial, senão que mero fator de recomposição do poder de compra, do dinheiro. O TST, no entanto, pela Instrução Normativa n. 31/2007, regulamentou a forma de realização do depósito prévio, em ação rescisória, previsto no art. 836 da CLT (arts. 2º e 3º).

Ainda se controverte, na doutrina, quanto à necessidade de a inicial, na ação de segurança, mencionar o valor da causa.

Sustentam, alguns estudiosos, que a indicação desse valor é dispensável, pois a reparação que se busca, nesse tipo de ação, não é em pecúnia, mas em espécie. Em que pese ao fato de a reparação aí pretendida não ser, efetivamente, de natureza pecuniária — pois o acórdão nunca é condenatório, mas declaratório ou constitutivo —, não pode ser colocado de parte o mandamento inscrito no art. 291, do CPC, no sentido de que a toda causa deve ser atribuído um valor certo, ainda que não tenha conteúdo econômico aferível de imediato.

Tanto na ação rescisória quanto na de segurança se o relator verificar que a inicial não contém o valor da causa não deve assinar prazo de quinze dias para que o autor supra a falta — sob pena de indeferimento (CPC, art. 321) e consequente extinção do processo sem resolução do mérito (CPC, art. 485, I) —, mas, fixar, ele próprio, esse valor, nos termos do art. 2º, *caput*, da Lei n. 5.584/70.

Nas ações coletivas, torna-se necessária a menção do valor da causa, cuja falta poderá ser suprida mediante despacho do relator. Mesmo nas ações em que o pedido se restrinja à interpretação de norma legal ou de cláusula normativa (os comumente denominados "dissídios coletivos de natureza jurídica") esse valor deve ser indicado, pois a pretensão, aí formulada, que aparenta ser exclusivamente jurídico-interpretativa, se encontra, sempre, vinculada a um conteúdo econômico.

6.1.7. As provas com que o autor pretende demonstrar a verdade dos fatos alegados

A CLT não contém disposição nesse sentido. Conseguintemente, uma nova indagação se impõe: no processo do trabalho é necessário que o autor especifique, na inicial, as provas com as quais deseja provar a verdade dos fatos narrados?

Antes de formularmos a resposta, devemos fazer um pequeno reparo na dicção do art. 319, VI, do CPC, porquanto, em rigor, naquele processo, a inicial deve indicar não as *provas* com que o autor pretende demonstrar a veracidade dos fatos alegados, e, sim, os *meios* de prova que serão utilizados para esse fim. Prova não é meio, mas resultado. O CPC de 1939, mais preciso que o de 1973, e do que o atual, neste ponto, aludia aos meios de prova (art. 158, V).

São dois, basicamente, os motivos pelos quais o processo civil exige que o autor especifique, na inicial, os meios de prova a serem utilizados, a saber: a) atender ao princípio da boa-fé processual; b) permitir ao juiz verificar, em alguns casos, se o meio escolhido é, efetivamente, adequado, ou moralmente legítimo.

Apesar disso, pensamos que, no processo do trabalho, essa regra deve ser aplicada com certa cautela, não tanto pelo fato de a CLT nada dispor quanto a esse requisito, mas em virtude da simplicidade do procedimento. Não estamos a dizer que o autor tem o direito de esconder, do adversário, os meios de que se valerá para provar a veracidade dos fatos narrados na inicial, pois isso atentaria contra o dever de lealdade, a que estão submetidas as partes, mesmo no processo do trabalho. O que estamos a asseverar é que, naquela peça, poderá o autor, simplesmente, requerer a produção de "todas as provas em direito admitidas", vindo a especificar os meios adequados (e moralmente legítimos) no momento oportuno, por força de determinação do juiz.

A realidade prática tem revelado, a todo momento, que somente após a resposta do réu (máxime sob a forma de contestação) é que o autor se encontra, realmente, em condições de definir os meios de prova que necessitará empregar. Muitas vezes, o autor, tomando conhecimento do teor da resposta, acaba por eleger meio de prova diverso daquele que, a princípio, pensava utilizar. De outra parte, eventual ausência de resposta do réu, por implicar revelia e traduzir, quase sempre, a confissão fictícia, pode dispensar a produção de qualquer prova, pelo autor. Tudo isso demonstra a desnecessidade de a petição inicial trabalhista indicar os meios probantes de que o autor pretende fazer uso para comprovar a verdade dos fatos expostos.

Com *meios adequados de prova* queremos expressar aqueles que são aptos para demonstrar a verdade do fato probando. Podemos, mesmo, construir a regra de que, segundo seja a natureza do fato objeto da prova, será o meio legal a empregar-se. Ainda: a natureza do fato determina o pertinente meio de prova. Assim, para a prova de horas extras, *v. g.*, admitem-se os meios documental e testemunhal; para o pagamento de salários só é adequado o meio documental (CLT, art. 464, *caput*), do mesmo modo como a prova da insalubridade ou da periculosidade deve ser feita mediante perícia (CLT, art.195, § 2º).

Não basta, à evidência, que o meio de prova seja adequado; requer-se, acima de tudo, que seja *moralmente legítimo*. O art. 5º, inciso LVI, da Constituição Federal, por seu turno, declara serem inadmissíveis as provas obtidas "por meios ilícitos". Deve-se entender por meios moralmente ilegítimos, dentre outros, os que atentem contra os direitos da personalidade, aí incluídos os relativos à liberdade de pensamento e à privacidade — que foram alteados à categoria constitucional (art. 52, incisos IV, X, XI e XII).

Independentemente disso, devemos renovar a nossa opinião de que, no processo do trabalho, não se deve exigir que o autor mencione, na inicial, os meios pelos quais procurará comprovar a veracidade dos fatos alegados. E suficiente que faça referência a fórmulas genéricas, como "todos os meios em direito permitidos" etc. Caberá ao juiz, no momento oportuno, exigir que ele e o próprio réu especifiquem os meios de que se valerão para provar a verdade dos fatos narrados.

Cabe aqui, no entanto, uma ressalva. Tratando-se de fato que deva ser comprovado mediante documentos, estes devem acompanhar, desde logo, a inicial, como impõe o art. 787, da CLT (o mesmo consta do art. 320 do CPC), exceto se os documentos se encontrarem em poder do adversário ou de terceiros, hipótese em que se adotará o procedimento da exibição (CPC, art. 393), seja antecedente ou incidental.

As considerações, até aqui expendidas, são aplicáveis, *mutatis mutandis*, à ação rescisória, que admite, em princípio, a produção de provas por todos os meios previstos em lei.

Nas ações de segurança, entretanto, não cabe ao juiz (relator) ordenar que o autor especifique os meios de prova de que fará uso, porquanto o art. 6º, *caput*, da Lei n. 12.016/2009, deixa claro não apenas que o meio exclusivo é o documental, como que os documentos devem instruir, de imediato, a petição inicial. Trata-se, pois, de prova pré-constituída.

6.1.8. A opção do autor pela realização ou não de audiência de conciliação ou de mediação

O art. 165 do CPC determina que os tribunais criem centros judiciários destinados à solução consensual dos conflitos de interesses. Esses centros serão responsáveis pela realização das sessões e audiências de conciliação e mediação, entre outras incumbências. No processo civil, caso o outro pretenda submeter, ou não, a sua demanda a uma dessas sessões ou audiências, deverá manifestar a sua intenção na petição inicial. A regra não incide no processo do trabalho, pois aqui, em virtude do disposto no art. 764, *caput*, da CLT, os dissídios, individuais ou coletivos, "serão sempre sujeitos à conciliação", razão pela qual os juízes deverão empregar os seus bons ofícios e poder de persuasão "no sentido de uma solução conciliatória do dissídio" (*ibidem*, § 1º). No processo do trabalho não cabe, pois, à parte, manifestar sua intenção de optar pela realização ou não de audiência de conciliação, pois esta é inerente e essencial ao referido processo. Quanto à mediação, não tem sido posta em prática na Justiça do Trabalho.

Requerimento para a citação do réu. Devemos lançar alguns escólios sobre outro elemento da petição inicial, que era exigido pelo CPC revogado. Referimo-nos ao *requerimento para a citação do réu*. Aquele CPC, em seu art. 282, VII, impunha que a petição inicial contivesse o requerimento para a citação dor réu.

Preso a um formalismo injustificável (e à influência da *ius vocatio*), entendia a doutrina daquele processo que a citação deveria ser *requerida* pelo autor, a fim de que o processo se formasse validamente e, também, de que a citação produzisse os efeitos descritos no art. 219, daquele CPC.

Esse requisito não era — e continua não sendo — encontrado no art. 840, § 1º, da CLT. Não há, nisso, *omissão*, e sim, *silêncio intencional*, que é coisa diversa. Esse *silêncio intencional* deriva de razão de ordem lógica.

Com efeito, se o autor (trabalhador) provoca o exercício da função jurisdicional e deixa claro, na petição inicial, que está exercendo o seu direito de ação em face ("contra", costuma-se dizer, com grande equívoco) de determinada pessoa (réu), que deseja ver condenada a satisfazer-lhe uma pretensão (bem ou utilidade da vida), é elementar, é óbvio, que a citação constitui ato que se impõe, natural e automaticamente, sob pena de, a entender-se de modo diverso, imaginar-se que o autor possa (ou costume) ingressar em juízo movido por simples diletantismo, capricho, ou vaidade, sem desejar a citação do adversário. Isto é algo absolutamente inconcebível no processo do trabalho (para falarmos apenas deste), onde o trabalhador, ao exercer o seu direito constitucional de ação e nominar o réu, deixa patente o seu interesse em que este seja cientificado da demanda.

Esta é a visão pragmática do processo, que possuem as partes, e da qual falamos há pouco.

Usando outras palavras: o fato de o autor ajuizar a ação em face do réu deixa evidente o seu intuito de demandar, sendo, por isso, produto de censurável afetação formalista exigir-lhe que requeira, expressamente, a citação do adversário, como se essa comunicação não possa ser algo que decorra *naturalmente* do ato de ingressar em juízo.

Felizmente, o processo civil parecer haver-se convencido disso.

Data e assinatura. O CPC, curiosamente, não introduziu, no rol dos requisitos de validade da petição inicial, a data em que foi elaborada e a assinatura do advogado. A CLT menciona esses requisitos (art. 840, § 1º); quanto à assinatura, alude a do "reclamante" ou de seu representante.

Entendíamos, porém, que a petição inicial deveria ser sempre assinada por advogado, pois o art. 791, *caput*, da CLT, que atribui a ardilosa capacidade postulatória aos litigantes, e a nosso ver, fora tacitamente revogado pelo art. 68, da Lei n. 4.215, de 27.4.63 (Estatuto da Ordem dos Advogados do Brasil); quando não, pelo art. 133, da Constituição Federal em vigor. Assim, banido o *ius postulandi*, a petição inicial deveria ser elaborada e assinada por advogado. A parte somente poderia exercer o direito de postular, pessoalmente, em juízo, na hipótese do art. 86, do CPC, ou seja, se não houvesse, no local, advogado, ou, havendo, se recusasse a aceitar o patrocínio da causa ou se encontrasse impedido de receber procuração, ou não ser, o advogado, por motivo relevante e provado, da confiança da parte. Entretanto, o STF, na ADI n. 1.127-8 (DJ de 29.6.2001), concedeu liminar para suspender a eficácia, dentre outras disposições, do inciso I do art. 1º da Lei n. 8.906/94 (Estatuto atual da OAB), que declara ser privativa da advocacia a postulação a qualquer órgão do Poder Judiciário.

Diante disso, não há mais como sustentar a revogação do art. 791, *caput*, da CLT.

Tendo acoimado de ardilosa a capacidade postulatória de que trata o art. 791, *caput*, da CLT, cumpre-nos justificar essa afirmação.

Procurando criar um processo no qual as partes pudessem atuar sem advogado, o legislador trabalhista instituiu um procedimento simplificado. A CLT, como sabemos, entrou a viger em 1943. Nos primeiros momentos, as partes não encontraram maiores dificuldades para exercer o *ius postulandi* que lhes atribui o art. 791, *caput*, da CLT. A vida fluía simples. Todavia, os tempos, agora, são outros. Tudo mudou, de 1943 até esta parte. Ampliou-se, consideravelmente, a base do direito material dos trabalhadores. As novas exigências científicas, nascidas no período que se seguiu ao término da 2ª Guerra Mundial, penetraram o próprio Direito Processual. As relações entre os homens também se tornaram mais complexas. Tudo isso foi, aos poucos, delineando esse fenômeno indesejável, a que se poderia denominar de "complexização do processo". Passou-se a fazer uso, no processo do trabalho, de figuras ou institutos próprios do processo civil (incidente de falsidade documental; ações cautelares, rescisória, de consignação e pagamento, monitória, embargos de terceiro; reconvenção; ação civil pública; embargos à expropriação e o mais).

Essa "complexização" do processo do trabalho não só o desfigurou, em diversos pontos, o *ius postulandi*, traduzido na faculdade legal de o indivíduo ingressar em juízo sem advogado, como tornou praticamente inviável o seu exercício.

E, o que é pior: a parte que vai a juízo, como autor ou réu, pessoalmente, fica em uma colossal inferioridade técnica diante daquela que se faz acompanhar por advogado. Nós mesmos, quando atuávamos como juiz em primeiro grau, vimos, em inúmeras ocasiões, p. ex., o réu, por seu advogado, oferecer, solene e pomposamente, exceção de incompetência *ratione loci* (e a frase vinha escrita em latim, realmente), oportunidade em que, com um certo desassossego no espírito, tínhamos que nos dirigir ao mísero trabalhador, que se encontrava na audiência, para dizer-lhe que (como excepto!...) dispunha do prazo de 24 horas para responder à exceção. Nunca a respondia, é evidente, pois nem sequer sabia como fazê-lo; nem tinha noção do que os prazos processuais representavam. Quanto menos, sabia contá-los. O mesmo ocorria nos casos de reconvenção. Não raro, aliás, o trabalhador levava à audiência, para serem inquiridas como testemunhas, pessoas sobre as quais, por serem suas amigas íntimas, pairava a reserva de suspeição. Era muito difícil para um humílimo trabalhador compreender a razão por que o seu melhor amigo não poderia ser sua testemunha.

Enfim, o processo do trabalho — designadamente, em decorrência de sua "complexização" — se tornou uma espécie de ardil, de esparrela para as partes que ingressam em juízo sem a companhia de advogado. Para sermos francos, mesmo antes dessa "complexização" o *ius postulandi* já correspondia a uma sutil armadilha para o trabalhador e para o próprio empregador, armada pelo legislador, pois enquanto, de um lado, os convidava a atuar em juízo pessoalmente, de outro, lançava sobre eles o escárnio da preclusividade dos prazos, da confissão fictícia e tantas outras regras que somente poderiam ser compreendidas por quem fosse advogado.

O *ius postulandi*, se propicia aos juízes maior liberdade na formulação das propostas conciliatórias e na própria direção do processo, é, na mesma proporção, em infindáveis ocasiões, a causa exclusiva do insucesso do trabalhador em juízo, que, em sua insciência acerca das regras processuais, vê os seus direitos se perderem pelos caminhos labirínticos do procedimento. Desse *due process of law*, que, para ele, soa a grego. Ou a uma irrisão.

Não nos iludamos: a dura realidade do processo fez frustrar os sonhos do legislador, quanto à utilidade do *ius postulandi*. Por isso, hoje, conscientes dessa realidade, estamos serenamente convencidos de que a presença obrigatória do advogado, nas causas trabalhistas, mais do que um imperativo de ordem legal, é uma condição de igualdade técnica, entre as partes, na calorosa disputa pelo direito. Ainda que a primeira razão inexistisse, os fatos da vida haveriam de fazer com que a segunda fosse consagrada.

Os fatos que emanam da realidade concreta — cuja dramaticidade a retórica dos argumentos de mera conveniência jamais consegue ocultar — demonstram que quando um dos litigantes vai a juízo pessoalmente, o que se presencia não é uma disputa justa pelo Direito, mas um massacre empreendido por parte daquele que tem a seu lado um advogado. A contar daí, a tarefa do juiz será fazer o recenseamento dos mortos.

Não foi, por certo, para estimular situações como esta que se instituiu o processo. Que disso se convençam os ardorosos defensores do *ius postulandi.*

Vale reiterar: a presença do advogado em juízo representa um pressuposto fundamental para o equilíbrio técnico na disputa; desacompanhada de advogado, a parte acaba se tornando adversária de si mesma, porquanto é insciente das normas que regem o procedimento, em especial, as relativas à preclusão. Nesse contexto, fica reservada ao juiz do trabalho a árdua tarefa de fazer a contagem das vítimas *do ius postulandi.*

7. Citação dos interessados

Atendendo aos princípios constitucionais do contraditório, da ampla defesa e do devido processo legal, a norma em exame determina que o juiz cite os interessados na produção da prova ou no fato a ser provado. A citação poderá ser ordenada *ex officio* ou a requerimento da parte (autor); não será necessária, todavia, se não existir caráter contencioso, ou seja, se o interessado desejar produzir a prova para simples documentação.

O CPC anterior conceituava a citação como "o ato pelo qual se chama a juízo o réu ou o interessado, a fim de se defender" (art. 213). Esse conceito, entretanto, não era correto. Assim dizemos porque, em rigor, a finalidade da citação não é "chamar" o réu a juízo e sim dar-lhe ciência da existência da ação, para que se possa defender. O verbo "chamar", utilizado na redação do art. 213, do CPC de 1973, poderia induzir à equivocada conclusão de que o réu estaria obrigado a vir a juízo ou que a relação jurídica processual somente se estabeleceria se ele se defendesse. Na verdade, como dissemos, o escopo da citação é o de comunicar ao réu a propositura da ação, a fim de que ele responda aos termos da petição inicial, se desejar. Mesmo que o réu deixe de responder à ação, a relação processual terá sido regularmente estabelecida, cujo processo tramitará à sua revelia.

O Código atual conceitua a citação como "o ato pelo qual são convocados o réu, o executado ou o interessado para integrar a relação processual". Não é, também, uma redação perfeita, pois o verbo *convocar* sugere a ideia de obrigatoriedade de comparecimento a juízo. Por isso, seguimos entendendo que a citação é o ato pelo qual o juiz dá *ciência* ao réu, ao executado ou ao interessado quanto à existência da ação. Ademais, da maneira como está redigida a norma legal em exame, tem-se a falsa impressão de que se as pessoas aí referidas, depois de citadas, não vierem a juízo, não estarão integrando a relação processual. Ora, sabemos que essa integração se dá não com o comparecimento a juízo, ou a postulação nos autos, mas com a simples citação. Este ato processual traduz, pois *cientificação* e não, *convocação* — como se a parte, o executado ou o interessado, ao não atenderem a essa convocação, seriam conduzidos a juízo de modo coercitivo ("debaixo de vara", na linguagem do passado).

Ao contrário do processo civil, o do trabalho não exige que da inicial conste o requerimento de citação do réu (CLT, art. 840, § 1º), pois como já salientamos, aqui, esse ato de comunicação processual é efetuado, *ex officio*, pela secretaria do órgão jurisdicional.

A citação constitui manifestação dos Estados Democráticos de Direito, porquanto, a um só tempo, oferece ao réu oportunidade para defender-se, e lhe permite exercer o direito constitucional de ampla defesa.

A CLT, pouco apegada aos rigores científicos, utiliza o vocábulo *notificação* para designar não apenas a citação, mas os demais atos de comunicação processual, como a intimação (art. 841).

Consta do art. 239 do CPC: "Para a validade do processo é indispensável a citação do réu ou do executado, ressalvadas as hipóteses de indeferimento da petição inicial ou de improcedência liminar do pedido. § 1º O comparecimento espontâneo do réu ou do executado supre a falta ou a nulidade da citação, fluindo a partir desta data o prazo para apresentação de contestação ou de embargos à execução. § 2º Rejeitada a alegação de nulidade, tratando-se de processo de: I — conhecimento, o réu será considerado revel; II — execução, o feito terá seguimento".

Comentemos.

Caput. O CPC anterior aludia, apenas, à citação do réu; o atual incluiu a do executado. Aquele Código do passado fazia referência, aliás, à citação inicial do réu, como se existissem citações posteriores, no mesmo processo.

Sem a citação do réu o processo de conhecimento será nulo; o mesmo se afirme quanto ao processo de execução em que não houver citação do executado.

Ao comentarmos o art. 238, dissemos que a citação é o ato pelo qual se dá ciência ao réu da ação ajuizada; ampliemos, a agora, esse conceito, para tê-lo como o ato indispensável pelo qual se dá ciência ao réu da existência da ação, e, ao executado, ciência da execução.

A citação é pressuposto legal para a existência do processo; logo, a sua falta faz com que o processo seja considerado juridicamente inexistente; se a citação for realizada com desrespeito à norma legal, o processo será nulo. Em que pese ao fato de a doutrina asseverar que a ausência de citação torna o processo inexistente, parece-nos mais apropriado à técnica e aos princípios cogitar, na espécie, de processo ineficaz. Como a ausência de citação pode ser convalidada pelo comparecimento espontâneo do réu a juízo, fica difícil admitir-se a possibilidade de validar-se um ato inexistente.

O art. 239, entretanto, dispensa a citação em dois casos: a) de indeferimento da petição inicial (art. 330); b) de "improcedência" liminar do pedido (art. 332).

§ 1º Pode acontecer, todavia, de o réu ou o executado comparecerem a juízo, de maneira espontânea, ou seja, sem terem sido citados. Nesta hipótese, a nulidade estará suprida, contando-se o prazo (para a defesa ou para os embargos do devedor) a partir da data desse comparecimento.

É necessário, observar, contudo, que se o comparecimento não for pessoal, por parte do réu, mas de seu advogado, este deverá juntar aos autos não apenas a procuração, sendo necessário que desta constem também poderes para receber citação (CPC, art. 105).

Lancemos uma ponderação oportuna: se o réu, em uma ação trabalhista, não tiver sido formalmente citado, mas, a despeito disso, ficar ciente da existência da ação e do teor da petição inicial e, no prazo legal, oferecer contestação, na qual alega, em preliminar, a nulidade (ou inexistência jurídica) do processo por falta de citação, não deveria o juiz acolher a preliminar, pois a ausência de citação não acarretou nenhum prejuízo ao réu. Convém lembrar a particularidade de o processo do trabalho haver consagrado o princípio da transcendência, conforme o qual não há nulidade sem prejuízo (CLT, art. 794). Na situação por nós imaginada, seria render injustificado apego ao formalismo a declaração de nulidade processual, pelo simples fato de o réu não haver sido citado — embora tenha podido oferecer, sem prejuízo ou constrangimento, resposta à inicial. Razão teria o réu, isto sim, se viesse a saber, por acaso, da existência da ação dois ou três dias antes da audiência (em desrespeito ao art. 841, *caput*, da CLT), na qual deveria oferecer a sua resposta, e, em razão disso, elaborasse, às pressas, e de maneira imperfeita, essa resposta. Aqui, além de ter ocorrido violação à garantia constitucional da ampla defesa (CF, art. 5º LV), o prejuízo seria manifesto, por modo a autorizar a declaração judicial de nulidade do processo, por falta de citação.

§ 2º Sendo rejeitada a alegação de nulidade, as consequências processuais serão as indicadas nos incisos seguintes.

Inciso I. No processo de conhecimento, o réu será considerado revel; é necessário esclarecer, porém, que nem sempre ocorrerá o *efeito* característico da revelia, que é a presunção de veracidade dos fatos alegados na petição inicial (CLT, art. 844, *caput*, CPC, art. 344). O CPC prevê as situações em que esse efeito não se verificará (art. 345, I a IV).

Inciso II. No processo de execução, diz a norma que "*o feito terá prosseguimento*". Essa declaração legal, contudo, precisa ser interpretada com certa reserva, pois também no processo de conhecimento *o feito terá prosseguimento* mesmo que o réu seja revel.

Dispõe o art. 240 do CPC: "A citação válida, ainda quando ordenada por juízo incompetente, induz litispendência, torna litigiosa a coisa e constitui em mora o devedor, ressalvado o disposto nos arts. 397 e 398 da Lei n. 10.406, de 10 de janeiro de 2002 (Código Civil). § 1º A interrupção da prescrição, operada pelo despacho que ordena a citação, ainda que proferido por juízo incompetente, retroagirá à data de propositura da ação. § 2º Incumbe ao autor adotar, no prazo de 10 (dez) dias, as providências necessárias para viabilizar a citação, sob pena de não se aplicar o disposto no § 1º. § 3º A parte não será prejudicada pela demora imputável exclusivamente ao serviço judiciário. § 4º O efeito retroativo a que se refere o § 1º aplica-se à decadência e aos demais prazos extintivos previstos em lei".

Comentemos.

Caput. O assunto era tratado no *caput* do art. 219 do CPC revogado.

A norma se ocupa dos *efeitos* processuais da citação válida.

Litispendência. Ocorre quando se repete ação que está em curso (CPC, art. 337, § 3º). Uma ação é idêntica à outra quando tiverem as mesmas partes, a mesma causa de pedir e mesmo pedido (*ibidem*, § 2º). Cuida-se, como se vê, de uma tríplice identidade. Quanto à identidade das partes, porém, queremos chamar a atenção para o fato de que, para os efeitos exclusivos da litispendência, deverão ser consideradas iguais as ações em que figure, numa, como autor, determinado trabalhador ou grupo de trabalhadores, consorciados na lide, e, noutra, o sindicato da classe, atuando como substituto processual, desde que as causas de pedir e os pedidos sejam os mesmos. O que se deve ter em mente, em situações como esta, é que, em ambas as ações, o titular do direito material é o mesmo: o trabalhador.

Em sede de mandado de segurança, estabelece a Lei n. 12.016, de 3 de agosto de 2009: "art. 22 (...). § 1º O mandado de segurança coletivo não induz litispendência para as ações individuais, mas os efeitos da coisa julgada não beneficiarão o impetrante a título individual se não requerer a desistência de seu mandado de segurança no prazo de 30 (trinta) dias a contar da ciência comprovada da impetração da segurança coletiva".

Coisa litigiosa. A litigiosidade, aqui, se refere à coisa que constitui objeto da demanda. Este efeito processual da citação válida alcança tanto as partes quanto os terceiros. Sobre as partes se revela, por exemplo, sob a forma de proibição de inovarem o estado de fato da causa; se isto ocorrer, a parte prejudicada poderá invocar o poder geral de cautela do magistrado, a fim de que este imponha à parte a obrigação de abster-se da prática do ato.

Constituição em mora. Estamos diante de um dos efeitos materiais da citação válida. É legalmente considerado em mora o devedor que não efetuar o pagamento e o credor que não quiser recebê-lo, no tempo, lugar e forma que a lei ou o contrato estabelecer (Código Civil, art. 394). Duas observações se tornam necessárias, acerca do tema. Primeiramente, o devedor será constituído em mora mesmo que a citação tenha sido ordenada por juiz incompetente; segundamente, como procuramos demonstrar, no processo do trabalho deve ser levada em conta, para essa finalidade, não a citação, mas a simples entrega da petição inicial em juízo, ou a sua distribuição. A acrescentar, que a mora, como havíamos anotado há pouco, traduz um efeito de natureza material da citação válida.

Interrupção da prescrição. Em um primeiro lançar de olhos, pareceria haver omissão do *caput* do art. 240, do CPC, ao não mencionar a interrupção da prescrição, decorrente da citação válida. Pensamos, no entanto, que o legislador procurou separar as situações, que antes estavam englobadas no art. 219 do CPC revogado. Assim, é a *citação* (válida) que induz litispendência, torna litigiosa e coisa e constitui o devedor em mora, ao passo que o *despacho* que ordena a citação é a causa interruptiva da prescrição (art. 240, § 1º)

É interessante observar que a redação primitiva do § 1º, do art. 219, do CPC anterior, possuía a seguinte redação: "A prescrição considerar-se-á interrompida na data do despacho que ordenar a citação". Por força da Lei n. 8.952/94, no entanto, a redação daquele dispositivo passou a ser esta: "A interrupção da prescrição retroagirá à data da propositura da ação". Diante disso, indagávamos: qual das duas disposições prevaleceria? Entendíamos que era a do Código Civil, pois este (Lei n. 10.406, de 10.1.2002) era posterior à Lei n. 8.952/94, que alterou a redação do § 1º do art. 219, do CPC. O CPC atual volta a dizer que a prescrição é interrompida pelo *despacho* que ordena a citação. Logo, este é o princípio legal a ser observado.

É proveitoso ressaltar o seguinte, acerca da interrupção da prescrição: esta será interrompida somente uma vez (Código Civil, art. 202, *caput*). Em termos concretos, isto significa que, no processo do trabalho, se o processo em que ocorreu a citação do réu foi extinto, sem resolução do mérito, embora o autor possa intentar, novamente, a ação (CPC, art. 485, *caput*), a nova citação não interromperá a prescrição. De qualquer modo, mesmo tendo sido extinto o primeiro processo, terá havido interrupção da prescrição, ainda que restrita aos pedidos lá formulados (TST, Súmula n. 268).

O *caput* do art. 240, em exame, faz expressa ressalva aos arts. 397 e 398 do CC. O primeiro estabelece: "O inadimplemento da obrigação, positiva e líquida, no seu termo, constitui de pleno direito em mora o devedor. Parágrafo único. Não havendo termo, a mora se constitui mediante interpelação judicial ou extrajudicial"; e, o segundo: "Nas obrigações provenientes de ato ilícito, considera-se o devedor em mora, desde que o praticou".

Tenhamos em conta, ainda, o art. 240, do CPC.

§ 1º A interrupção da prescrição, ainda que derivante de despacho exarado por juízo incompetente, retroagirá a da propositura da ação.

§ 2º No processo do trabalho, a citação (notificação) do réu, em rigor, independe de requerimento formulado na inicial (CLT, art. 840, § 1º), pois esse ato é praticado *ex officio* (CLT, art. 841, *caput*). Assim, dificilmente haverá situação que justifique a incidência, nesse processo, do art. 240, § 2º, do CPC. Se, contudo, em situação verdadeiramente excepcional, o juiz do trabalho determinar que a parte promova a citação do réu, ela disporá do prazo de dez dias para cumprir o despacho. Não sendo cumprido no prazo, não se considerará interrompida a prescrição.

§ 3º A parte não poderá ser prejudicada pela demora imputável exclusivamente aos serviços judiciários. A regra possui conteúdo ético, sendo plenamente aplicável ao processo do trabalho.

§ 4º *Decadência.* O CPC anterior era omisso quanto ao efeito interruptivo da decadência, produzido pela citação válida. O CPC atual supriu essa lacuna ao declarar que esse efeito se verificará não somente quanto à decadência, senão que também aos" demais prazos extintivos previstos em lei".

Lê-se no art. 241 do CPC: "Transitada em julgado a sentença de mérito proferida em favor do réu antes da citação, incumbe ao escrivão ou ao chefe de secretaria comunicar-lhe o resultado do julgamento".

A norma em apreciação está vinculada ao art. 332, nos termos do qual, independentemente da citação do réu, o juiz rejeitará, desde logo, o pedido nos casos previstos nos incisos I a IV do aludido artigo. Dispõe o § 2º do mesmo dispositivo legal que se não for interposta apelação, pelo autor, o réu será intimado do trânsito em julgado da sentença.

O art. 241 esclarece que a comunicação do trânsito em julgado da decisão de mérito favorável ao réu, antes da citação, será feita pelo escrivão — ou pelo diretor da secretaria, no caso da Justiça do Trabalho. Mesmo que a comunicação seja efetuada por outro serventuário, que não o chefe da secretaria (no caso da Justiça do Trabalho), não haverá nulidade, desde que o réu tenha sido, efetivamente, cientificado do trânsito em julgado da decisão.

Nos termos do art. 242 do CPC: "A citação será pessoal, podendo, no entanto, ser feita na pessoa do representante legal ou do procurador do réu, do executado ou do interessado".

E mais:

"§ 1º Na ausência do citando, a citação será feita na pessoa de seu mandatário, administrador, preposto ou gerente, quando a ação se originar de atos por eles praticados.

§ 2º O locador que se ausentar do Brasil sem cientificar o locatário de que deixou, na localidade onde estiver situado o imóvel, procurador com poderes para receber citação será citado na pessoa do administrador do imóvel encarregado do recebimento dos aluguéis, que será considerado habilitado para representar o locador em juízo.

§ 3º A citação da União, dos Estados, do Distrito Federal, dos Municípios e de suas respectivas autarquias e fundações de direito público será realizada perante o órgão de Advocacia Pública responsável por sua representação judicial".

Comentemos.

Caput. Regra semelhante estava no *caput* do art. 215, do CPC revogado.

O destinatário natural da citação, no processo de conhecimento, é o réu; no de execução, o devedor. Opostamente ao processo civil (CPC, art. 242), o processo do trabalho não exige que a citação seja *pessoal* no processo de conhecimento. Eventual exigência quanto a essa pessoalidade poderia permitir ao réu colocar em prática certas manobras protelatórias, que não conviriam ao autor, nem à seriedade da Justiça do Trabalho. Por isso, a citação é realizada via Correio, mediante registro postal, com aviso de recebimento (CLT, art. 841). Considera-se realizada a citação, tanto que o seu instrumento seja recebido no endereço dele constante. Se, por exemplo, esse instrumento for recebido pelo porteiro de edifício, seja comercial ou residencial, o fato de acabar não chegando ao conhecimento do destinatário (réu) é algo que a jurisprudência trabalhista atribui a uma desorganização interna dos serviços do prédio. A citação terá sido realizada.

A Súmula n. 16, do TST, presume recebida a "notificação" 48 horas depois de sua postagem, esclarecendo que o seu não recebimento ou a entrega após o decurso desse prazo constitui ônus da prova do destinatário. Esse prazo de 48 horas foi extraído do parágrafo único do art. 774, da CLT, de acordo com o qual se o réu não for encontrado ou recusar-se a receber a citação, "o Correio ficará obrigado, sob pena de responsabilidade do servidor, a devolvê-la no prazo de 48 horas, ao Tribunal de origem".

O CPC revogado, convém salientar, que só admitia a citação pelo correio quando o réu fosse comerciante ou industrial domiciliado no país (art. 222, *caput*, em sua redação primitiva); todavia, inspirado no processo do trabalho, aquele estatuto processual civil acabou convertendo essa exceção em regra, para admitir a citação por via postal, ressalvados os casos apontados as letras "a" a "f" da redação do art. 222, dada pela Lei n. 8.710, de 24.9.93. O art. 247, do CPC em vigor, manteve essa norma.

No processo do trabalho, se o réu criar embaraços ao recebimento da citação, ou não for localizado, esta será feita por edital, inserto no jornal oficial ou particular, que publicar o expediente forense. Inexistindo quaisquer desses jornais, a citação será realizada mediante a afixação do seu instrumento na sede da Vara (CLT, art. 841, § 1º). Pode-se aplicar ao processo do trabalho, em caráter excepcional, a citação com hora certa, prevista nos arts. 252/254, do CPC.

Na execução trabalhista, o devedor será citado por oficial de justiça (CLT, art. 880, § 2º). Se o devedor, procurado por duas vezes no espaço de 48 horas, não for encontrado, a citação será realizada por meio de edital, publicado no jornal oficial ou, na falta deste, afixado na sede da Vara ou Juízo, durante cinco dias *(ibidem*, § 3º).

Embora afirme que a citação será pessoal, o art. 242 do CPC permite que seja realizada na pessoa do representante legal ou do procurador do réu, do executado ou do interessado.

§ 1º No sistema do CPC, se o réu estiver ausente, a citação será feita na pessoa de seu mandatário, administrador, preposto ou gerente, quando a ação decorrer de atos por eles praticados. No processo do trabalho, como dissemos, a citação será realizada pelo Correio, mediante registro postal (CLT, art. 841, § 1º). Se o réu criar embaraços ao recebimento da citação ou não for encontrado, a citação será realizada por edital (*ibidem*); e, em casos excepcionais, com hora certa.

§ 2º A matéria de locação de imóveis não é da competência da Justiça do trabalho.

§ 3º União, dos Estados, do Distrito Federal, dos Municípios e de suas respectivas autarquias e fundações de direito público serão citados perante o órgão da Advocacia Pública responsável por sua representação em juízo.

O art. 243 do CPC, *caput*, esclarece: "A citação poderá ser feita em qualquer lugar em que se encontre o réu, o executado ou o interessado. Parágrafo único. O militar em serviço ativo será citado na unidade em que estiver servindo, se não for conhecida sua residência ou nela não for encontrado".

Comentemos.

Caput. Repete-se a regra do *caput* do art. 216 do CPC revogado, acrescentando-se a referência ao executado e ao interessado.

O princípio legal é de que o réu, o executado ou o interessado serão citados em qualquer lugar em que se encontrarem. Essa norma só é aplicável ao processo do trabalho na execução, pois a citação, no processo cognitivo, é efetuada pelo Correio, mediante registro postal, sendo, por isso, irrelevante cogitar-se do lugar em que se encontra o citando: o instrumento de citação será entregue à pessoa que estiver no endereço constante desse instrumento.

Se, em situação excepcional, a citação do réu trabalhista dever ser efetuada por oficial de justiça, no processo de conhecimento, estará presente o pressuposto para a incidência do art. 243, *caput*, do CPC.

Parágrafo único. Mesmo no caso de militar, a citação, no processo do trabalho, será efetuada mediante registro postal, exceto se tratar-se de execução, quando o ato citatório será feito por oficial de justiça. Apenas neste último caso é que se atenderá à regra do parágrafo único do art. 243.

O art. 244 do CPC dispõe: "Não se fará a citação, salvo para evitar o perecimento do direito: I — de quem estiver participando de ato de culto religioso; II — de cônjuge, de companheiro ou de qualquer parente do morto, consanguíneo ou afim, em linha reta ou na linha colateral em segundo grau, no dia do falecimento e nos 7 (sete) dias seguintes; III — de noivos, nos 3 (três) primeiros dias seguintes ao casamento; IV — de doente, enquanto grave o seu estado".

Comentemos.

Caput. Repete-se o *caput* do art. 217 do CPC revogado.

Somente se for necessário para evitar o perecimento do direito é que se fará a citação nas situações indicadas nos incisos deste artigo. O perecimento do direito pode ocorrer em casos como os de prescrição e de decadência.

Inciso I. *Ato de culto religioso.* A pessoa que estiver assistindo ao ato dessa natureza não pode ser citada. Algumas dificuldades de ordem prática podem surgir em relação a esse preceito legal. Em primeiro lugar, o que se deve entender como religião? O culto ou a devoção prestados a qualquer ser, entidade, mesmo que não possuam natureza divina ou extraterrena? A solução dessa questão deverá ficar reservada a cada caso concreto. Por outro lado, o que se deve entender por "estar assistindo" ao ato de culto religioso? Se a pessoa estiver assistindo a esse ato pela televisão não poderá ser citada? Pensamos que o inciso em exame somente deverá ser aplicado em benefício da pessoa que estiver assistindo ao ato religioso no lugar em que este esteja sendo realizado. É o que se poderia denominar de assistência "presencial". Enfim, o escopo do preceito legal é respeitar o sentimento religioso das pessoas. Pela mesma razão, não poderá ser citado quem estiver *oficiando* o culto, como os padres, os pastores e outros líderes religiosos.

Inciso II. *Falecimento.* Também não poderá ser citado o cônjuge, o companheiro ou qualquer parente do falecido, consanguíneo ou afim, em linha reta ou na linha colateral em segundo grau, no dia do óbito e nos sete dias subsequentes, pouco importando o lugar em que se encontrem essas pessoas. O CPC anterior não incluía o *companheiro* (ou companheira) nesse rol.

Inciso III. *Casamento.* O CPC anterior aludia às *bodas*. O substantivo *bodas* tanto pode referir-se a aniversário de casamento (bodas de prata, de ouro, de rubi etc.) quanto às próprias núpcias. É neste último sentido que se deveria interpretar a norma legal revogada. A atual substituiu o vocábulo, passando a falar, com mais acerto, em casamento. Assim, os noivos não poderão ser citados nos três dias de casamento, aqui incluído o próprio dia em que as núpcias se realizaram.

Inciso IV. *Doentes.* Por motivos piedosos, humanitários, a lei veda a citação dos doentes, enquanto for grave o seu estado de saúde. Em alguns casos, aliás, a pessoa, dado o seu elevado grau de enfermidade, nem mesmo teria lucidez ou discernimento para receber a citação. A gravidade do estado de saúde do "citando", ou, de qualquer modo, o seu discernimento para receber a citação deverão ser comprovados por declaração médica, seja mediante atestado, seja mediante laudo.

A teor do art. 245 do CPC: "Não se fará citação quando se verificar que o citando é mentalmente incapaz ou está impossibilitado de recebê-la. § 1º O oficial de justiça descreverá e certificará *minuciosamente a ocorrência. § 2º Para examinar o citando, o juiz nomeará médico, que apresentará laudo no prazo de 5 (cinco) dias. § 3º Dispensa-se a nomeação de que trata o § 2º se pessoa da família apresentar declaração do médico do citando que ateste a incapacidade deste. § 4º Reconhecida a impossibilidade, o juiz nomeará curador ao citando, observando, quanto à sua escolha, a preferência estabelecida em lei e restringindo a nomeação à causa. § 5º A citação será feita na pessoa do curador, a quem incumbirá a defesa dos interesses do citando".*

Comentemos.

Caput. A norma constava do CPC anterior, cujo art. 218, *caput*, aludia, em linguagem inapropriada, à *demência* da parte.

A citação não será efetuada se o réu foi mentalmente incapaz ou, por qualquer motivo, estiver incapacitado de recebê-la. A razão é elementar: ele não terá consciência do conteúdo do ato judicial e das consequências que este acarretará.

§ 1º Verificando quaisquer das situações mencionadas no *caput* deste artigo, o oficial de justiça descreverá e certificará de maneira minuciosa a ocorrência, vale dizer, demonstrará o motivo pelo qual deixou de cumprir o mandado citatório. Essa descrição detalhada é necessária para que o juiz verifique sobre a necessidade de agir da maneira prevista no parágrafo seguinte.

§ 2º Devolvido o mandado aos autos, e certificando-se do que dele consta, o juiz nomeará médico para examinar o citando. O laudo médico deverá ser apresentado em cinco dias. A escolha do médico ficará, portanto, a critério do juiz, que deverá atender às qualificações e à especialização do referido profissional.

§ 3º Não haverá necessidade de nomeação de médico, na forma do § 2º, se algum familiar do citando apresentar declaração do médico deste, atestando a sua incapacidade.

§ 4º Se o laudo concluir pela impossibilidade de a pessoa ser citada, o juiz — desde que concorde com as conclusões do *expert* —, dará um curador ao citando. Para efeito de designação do curador, deverão ser observadas as preferências estabelecidas na lei; além disso, a nomeação ficará restrita à causa.

A curatela pode ser conceituada como o instituto destinado à proteção da pessoa e à administração do seu patrimônio econômico. O art. 1.767 do CC declara estarem sujeitos à curatela: a) aqueles que, por causa transitória ou permanente, não puderem exprimir sua vontade; b) os pródigos. A interdição pode ser promovida: a) pelos pais ou tutores; b) pelo cônjuge, ou por qualquer parente; c) pelo Ministério Público; d) pela própria pessoa (CC, art. 1.768). O cônjuge ou o companheiro, desde que não esteja separado judicialmente ou de fato, é, de direito, curador do outro, quando interdito (CC, art. 1.775).

§ 5º A citação será realizada na pessoa do curador, incumbindo a este promover a defesa judicial dos direitos e interesses do réu.

Quanto à *forma* pela qual a citação deverá ser realizada, estabelece o art. 246 do CPC: "A citação será feita: I — pelo correio; II — por oficial de justiça; III — pelo escrivão ou chefe de secretaria, se o citando comparecer em cartório; IV — por edital; V — por meio eletrônico, conforme regulado em lei. § 1º Com exceção das microempresas e das empresas de pequeno porte, as empresas públicas e privadas são obrigadas a manter cadastro nos sistemas de processo em autos eletrônicos, para efeito de recebimento de citações e intimações, as quais serão efetuadas preferencialmente por esse meio. § 2º O disposto no § 1º aplica-se à União, aos Estados, ao Distrito Federal, aos Municípios e às entidades da administração indireta. § 3º Na ação de usucapião de imóvel, os confinantes serão citados pessoalmente, exceto quando tiver por objeto unidade autônoma de prédio em condomínio, caso em que tal citação é dispensada".

Comentemos.

Caput. Reproduz-se, com pequenas alterações, o *caput* do art. 221 do CPC revogado.

A norma passa a indicar, em seus incisos, as formas pelas quais a citação será realizada.

Inciso I. *Pelo correio*. Conforme afirmamos há pouco, no processo do trabalho a citação pelo correio, mediante aviso de recebimento, constitui o princípio a ser observado nos processos de conhecimento e cautelar (CLT, art. 841). De certa maneira, esse princípio acabou sendo adotado pelo processo civil, após longo período de hesitação. Mesmo assim, o CPC veda a citação por esse meio: 1) nas ações de estado; 2) quando o réu for incapaz; 3) quando o réu for pessoa jurídica de direito público; 4) quando o réu residir em local não atendido pela entrega domiciliar de correspondência; 5) quando o autor a requerer de outra forma (art. 247). O CPC atual excluiu, do elenco dessas exceções, os *processos de execução*, aos quais se referia a letra "d" do art. 222 do CPC de 1973.

Inciso II. *Por oficial de justiça*. No processo de conhecimento trabalhista, a citação do réu não é feita, em regra, pelo oficial de justiça, e sim mediante registro postal. Na execução, todavia, esse ato é praticado pelo oficial de justiça (CLT, art. 880, § 2º). O mandado executivo não se destina, apenas, a citar o devedor. As outras finalidades (decorrentes da citação) são para que pague no prazo de 48 horas ou nomeie bens à penhora; se o devedor não fizer nenhuma coisa nem outra, ser-lhe-ão penhorados tantos bens quantos bastem para satisfazer o escopo da execução (CLT, art. 883). No mesmo mandado o oficial de justiça nomeará o depositário dos bens e intimará o devedor para oferecer embargos, no prazo de cinco dias (CLT, art. 884).

Embora a citação por oficial de justiça seja a forma consagrada na execução, isto não quer dizer que esses oficiais somente possam atuar na execução. Há casos, embora excepcionais, em que a citação no processo de conhecimento é efetuada por oficial de justiça. Tal ocorre, geralmente, nos casos em que o Correio não encontra o endereço do réu. Enfim, ficará sempre reservado ao prudente arbítrio do juiz do trabalho a possibilidade de — repitamos: em caráter excepcional — determinar a citação do réu por oficial de justiça. O próprio CPC permite a citação por oficial de justiça "nas hipóteses previstas neste Código ou na lei, ou quando frustrada a citação pelo correio" (art. 249).

Nas situações que justifiquem a citação por oficial de justiça, no processo de conhecimento trabalhista, o mandado deverá conter os requisitos do art. 250, do CPC: a) nomes do autor e do réu, com seus domicílios ou residências; b) o objetivo da citação, com todas as especificações da petição inicial, bem como a menção do prazo para contestar, sob pena de revelia, ou para embargar a execução; c) a aplicação de sanção, se houver; d) a intimação do citando para comparecer, acompanhado de advogado ou de defensor público, à audiência de conciliação ou de mediação, com a menção do dia, da hora e do lugar do comparecimento; e) a cópia da petição inicial, do despacho ou da decisão que deferir tutela provisória; f) VI — a assinatura do escrivão ou do chefe de secretaria e a declaração de que o subscreve por ordem do juiz.

Inciso III. *Pelo escrivão ou chefe da secretaria.* Essa forma de citação será possível quando o réu comparecer ao cartório ou à secretaria do juízo.

Inciso IV. *Por edital.* No processo do trabalho, há previsão de citação por edital quando: a) o réu, no processo de conhecimento, criar embaraços para recebê-la ou não for localizado (CLT, art. 841, § 1º); b) o devedor, no processo de execução, procurado no espaço de 48 horas, não for encontrado (CLT, art. 880, § 3º).

Levando em conta o conteúdo ético do processo, como método estatal de solução de conflitos de interesses tutelados pela ordem jurídica, a lei pune, com multa correspondente a cinco salários-mínimos, a parte que requerer a citação por edital, alegando, de maneira dolosa, os requisitos do art. 256, I e II, do CPC (*ibidem*, art. 258, *caput*). A fixação da multa com base em salários-mínimos atenta contra o disposto no art. 7º, IV, da Constituição Federal, motivo por que o juiz deverá adotar um outro critério. A multa verterá para a parte contrária (*ibidem*, parágrafo primeiro).

Inciso V. *Por meio eletrônico.* A possibilidade de citação por este meio foi instituída pela Lei n. 11.419, de 19 de dezembro de 2006, que inseriu o inciso IV, no art. 221, do CPC anterior. O art. 6º, da precitada norma legal, dispõe que, sendo observadas as formas e as cautelas do seu art. 5º, as citações, inclusive da Fazenda Pública, poderiam ser feitas por meio eletrônico, "desde que a íntegra dos autos seja acessível ao citando". É evidente que se o réu não puder ter acesso integral ao conteúdo dos autos, a citação eletrônica será inválida, porquanto manifesto o seu prejuízo (CLT, art. 794). No CPC atual, a previsão de citação por meio eletrônico consta do inciso IV do art. 246.

§ 1º As empresas públicas e privadas devem manter cadastro junto aos sistemas de processo em autos eletrônicos, com a finalidade de receberem citações e intimações, cujos atos deverão ser realizadas, de preferência, por esse meio. Excluem-se dessa exigência legal as microempresas e as empresas de pequeno porte.

§ 2º A regra contida no § 1º é aplicável à União, aos Estados, ao Distrito Federal, aos Municípios e às entidades da administração indireta.

§ 3º A Justiça do Trabalho não possui competência para apreciar ações de usucapião.

O princípio inscrito no sistema do atual CPC é de que a citação será sempre realizada pelo correio. Estatui, a esse respeito, o art. 247: "A citação será feita pelo correio para qualquer comarca do país, exceto: I — nas ações de estado, observado o disposto no art. 695, § 3º; II — quando o citando for incapaz; III — quando o citando for pessoa de direito público; IV — quando o citando residir em local não atendido pela entrega domiciliar de correspondência; V — quando o autor, justificadamente, a requerer de outra forma".

Comentemos.

Caput. Regra idêntica estava no *caput* do art. 222 do CPC revogado.

Após enunciar o princípio de que a citação pelo correio poderá ser efetuada para qualquer comarca do país, o texto legal aponta algumas exceções a essa regra.

Inciso I. *Ações de estado*. A Justiça do Trabalho não possui competência para apreciar ações pertinentes a essa matéria.

Inciso II. *Réu incapaz*. Também no processo do trabalho deverá ser observada essa exceção. A incapacidade pode ser absoluta (CC, art. 3º) ou relativa (CC, art. 4º); no primeiro caso, o incapaz será representado por quem a lei designar; no segundo, será assistido. A citação será efetuada por oficial de justiça, na pessoa do representante ou do assistente.

Inciso III. Tratando-se de processo de conhecimento, a norma não incide no processo do trabalho. Aqui, como tantas vezes assinalamos, a citação é realizada pelo correio, mediante registro postal (CLT, art. 841, § 1º).

Inciso IV. Elementarmente, se o local em que o réu residir ou exercer as suas atividades não for atendido pela entrega domiciliar de correspondência, a citação não poderá ser feita pelo correio, devendo ser realizada, isto sim, por oficial de justiça — mesmo no processo do trabalho.

Inciso V. Se o autor requerer que a citação não seja efetuada pelo correio, mas por outra forma, que indicar, cumprirá ao juiz verificar: a) se o fundamento desse requerimento é justificável; b) se a forma alternativa de citação, apontada pelo autor, é legalmente adequada. Se o fundamento não se justificar, o juiz indeferirá o requerimento. Deferindo-o, não significa que o ato citatório será realizado pela forma indicada pelo autor, pois o juiz poderá decidir-se pela forma que seja legalmente adequada ao caso concreto.

Uma observação complementar: o inciso em exame afirma que a citação não será realizada pelo correio "quando o autor, justificadamente, a requerer de outra forma". Não basta, portanto, que haja o requerimento do autor: é fundamental que esse requerimento seja: a) fundamentado; b) acolhido pelo magistrado. Logo, a não realização do ato citatório pelo correio não dependerá de instância do autor, como faz parecer a norma legal, senão que de acolhimento judicial dessa postulação.

O CPC, no art. 248, disciplina o procedimento a ser observado no tocante à citação pelo correio: "Deferida a citação pelo correio, o escrivão ou o chefe de secretaria remeterá ao citando cópias da petição inicial e do despacho do juiz e comunicará o prazo para resposta, o endereço do juízo e o respectivo cartório. § 1º A carta será registrada para entrega ao citando, exigindo-lhe o carteiro, ao fazer a entrega, que assine o recibo. § 2º Sendo o citando pessoa jurídica, será válida a entrega do mandado a pessoa com poderes de gerência geral ou de administração ou, ainda, a funcionário responsável pelo recebimento de correspondências. § 3º Da carta de citação no processo de conhecimento constarão os requisitos do art. 250. § 4º Nos condomínios edilícios ou nos loteamentos com controle de acesso, será válida a entrega do mandado a funcionário da portaria responsável pelo recebimento de correspondência, que, entretanto, poderá recusar o recebimento, se declarar, por escrito, sob as penas da lei, que o destinatário da correspondência está ausente".

Comentemos.

Caput. A matéria era regida pelo *caput* do art. 223 do CPC revogado.

Nos termos do art. 841, *caput*, da CLT, caberá ao escrivão ou ao diretor da secretaria, no prazo de 48 horas, remeter a segunda via da petição inicial (ou do termo) ao réu, notificando-o, ao mesmo tempo, para comparecer à audiência de julgamento, que será a primeira desimpedida, depois de cinco dias. Uma breve análise dessa norma legal nos autoriza às seguintes conclusões: a) a citação pelo correio constitui a forma clássica do processo do trabalho; logo, aqui não se cogita do *deferimento* judicial por essa forma, a que se refere o art. 248 do CPC: a citação mediante registro postal não só é *automática*, como característica do processo do trabalho; b) o prazo para a resposta do réu, em princípio, não é preestabelecido pois ela será apresentada ou formulada no dia da audiência; c) a audiência nem sempre será de julgamento: poderá ser meramente inicial naqueles juízos que adotarem a praxe de fragmentar a audiência; d) conquanto o art. 841, § 1º, da CLT, não o exija, o instrumento trabalhista de citação ("notificação") indica o juízo por onde se processa o feito e o seu endereço.

§ 1º O carteiro, ao fazer a entrega do instrumento de citação, no endereço deste constante, exigirá que a pessoa que o receber assine o recibo correspondente.

§ 2º A norma não incide no processo do trabalho; aqui, como dissemos, mesmo que o réu esteja constituído sob a forma de pessoa jurídica, considerar-se-á realizada, validamente, a citação cujo recibo seja assinado por quem se encontrar no endereço estampado no correspondente instrumento, pouco importando se a pessoa é dotada, ou não, de poderes de gerência geral ou de administração. Essa pessoa pode ser, por exemplo, até mesmo o porteiro do edifício; o que não se admite é que seja simples cliente do réu.

§ 3º No processo de conhecimento, o instrumento de citação deverá conter os requisitos do art. 250. Examinaremos esses requisitos ao comentarmos o precitado artigo.

§ 4º O adjetivo *edilício* significa, no texto da lei, aquilo que se refere à edificação. O princípio insculpido neste parágrafo consagra, de certo modo, o procedimento há muito adotado pela Justiça do Trabalho, consistente em considerar válida a citação cujo instrumento é recebido pelo serviço de portaria de condomínio ou de loteamento com controle de acesso. A norma, porém, autoriza o empregado da portaria a recusar o recebimento da correspondência se declarar, por escrito e sob as penas da lei, que o destinatário está ausente. O que se deve entender por *ausência*, para os efeitos da norma legal em estudo? Antes de mais nada, não se trata, necessariamente, da ausência a que se refere o art. 22, do Código Civil, capaz, até mesmo, de autorizar a abertura provisória da sucessão (art. 26). Por outro lado, não se pode considerar ausente o citando que, por exemplo, estiver por algumas horas fora do local em que reside ou trabalha. É necessário, pois, que a ausência seja razoável, considerável, decorrente, digamos, do fato de o citando estar em viagem por alguns dias. O problema é que o empregado do serviço de portaria deve declarar a ausência do destinatário ao funcionário do Correio incumbido da entrega da correspondência. Em virtude disso, deverão surgir alguns problemas de ordem prática, a começar pelo fato de o referido funcionário do Correio nem mesmo esperar que o empregado da portaria redija a declaração de que fala a norma legal.

Havendo dúvida sobre se o destinatário está, ou não, ausente, a sua citação poderá ser feita por oficial de justiça.

Conquanto o § 4º do art. 248 do CPC faça alusão a *condomínios* edilícios (e a loteamentos com controle de acesso), as suas disposições são aplicáveis aos edifícios em geral, mesmo que não integrantes de condomínio.

Quanto à citação pelo oficial de justiça, estabelece o art. 249 do CPC: "A citação será feita por meio de oficial de justiça nas hipóteses previstas neste Código ou em lei, ou quando frustrada a citação pelo correio".

Preceito semelhante estava no art. 224 do CPC revogado.

Na Justiça do Trabalho, a citação por meio de oficial de justiça é realizada, de ordinário, no processo de execução; somente em casos excepcionais será efetuada por esse meio no processo de conhecimento, como quando o réu residir em local não servido pelo serviço domiciliar de entrega de correspondência, ou ficar frustrada a citação pelo correio.

Os requisitos que o mandado de citação deve conter estão descritos no art. 250: "O mandado que o oficial de justiça tiver de cumprir conterá: I — os nomes do autor e do citando e seus respectivos domicílios ou residências; II — a finalidade da citação, com todas as especificações constantes da petição inicial, bem como a menção do prazo para contestar, sob pena de revelia, ou para embargar a execução; III — a aplicação de sanção para o caso de descumprimento da ordem, se houver; IV — se for o caso, a intimação do citando para comparecer, acompanhado de advogado ou de defensor público, à audiência de conciliação ou de mediação, com a menção do dia, da hora e do lugar do comparecimento; V — a cópia da petição inicial, do despacho ou da decisão que deferir tutela provisória; VI — a assinatura do escrivão ou do chefe de secretaria e a declaração de que o subscreve por ordem do juiz".

Comentemos.

Caput. Reproduziu-se a regra do *caput* do art. 225 do CPC.

Estabelecem-se, aqui, os requisitos que deverá conter o mandado citatório a ser cumprido pelo oficial de justiça.

Inciso I. *Nomes do autor e do citando.* São necessários para definir os limites subjetivos da lide. Não há necessidade de mencionar as suas qualificações pessoais. A indicação do endereço do domicílio ou residência do réu ou citando se destina à verificação da fidelidade do mandado em relação ao endereço contido na inicial. No tocante ao autor, essa exigência perde um pouco o sentido prático.

Inciso II. *Finalidade da citação.* No processo de conhecimento é dar ciência ao réu da existência da ação e dos pedidos formulados pelo autor — que são *"as especificações constantes da petição inicial"* a que alude o texto legal em estudo. Em princípio, no processo do trabalho não há necessidade de o mandado indicar o prazo para a contestação, pois esta, em regra, é apresentada em audiência. O que o mandado trabalhista deve conter é a advertência de que se a contestação não for oferecida no momento processual oportuno configurar-se-á a revelia. Por outras palavras, na Justiça do Trabalho o mandado citatório (CLT, art. 841, § 2º) deverá expressar a advertência contida na parte final do *caput* do art. 844, da CLT. No processo de execução, o ato citatório se destina, entre outras coisas, a convocar o devedor a adimplir obrigação contida no título executivo e espelhada no correspondente mandado, sob pena de penhora.

Inciso III. *Aplicação de sanção.* Se o mandado consubstanciar alguma ordem judicial, dele constará a sanção aplicável no caso de descumprimento dessa ordem.

Inciso IV. Cuida-se, aqui, de intimação do citando para comparecer à audiência de conciliação ou de mediação, mencionando-se o dia, a hora e o lugar em que será realizada. Nos casos em que a norma puder ser aplicada ao processo do trabalho não haverá necessidade de o citando comparecer acompanhado por advogado, pois ainda vigora (contra nossa opinião) o art., 791, *caput*, da CLT, que atribui às partes a capacidade postulatória, mediante a qual podem ingressar em juízo e aí praticar todos os atos necessários à defesa dos seus direitos e interesses, sem a presença de advogado. Exige-se a presença de procurador judicial, apenas, a Súmula n. 425, do TST, limita o *ius postulandi* às Varas e aos Tribunais Regionais do Trabalho.

Do instrumento de intimação do citando deverá constar a advertência de que o seu não comparecimento injustificado à audiência configurará ato atentatório à dignidade da justiça, sendo-lhe aplicada multa de até dois por cento da vantagem econômica pretendida ou do valor da causa, cuja penalidade verterá em benefício da União ou do Estado, conforme seja o caso (art. 334, § 8º).

Inciso V. Cópia da inicial e do despacho. No processo do trabalho, via de regra, o juiz não exara despacho na inicial, pois o ato de citação é realizado pelo escrivão ou pelo diretor da secretaria, *ex officio* (CLT, art. 841). Nos casos em que o juiz lançar o despacho na inicial (como se dá nas ações civis públicas, nas ações cautelares inominadas, nas ações consignatórias), cópia do despacho deverá acompanhar o mandado de citação, embora seja aceitável a sua transcrição nesse instrumento. Tendo ocorrido o deferimento de tutela provisória, cópia da correspondente decisão deve acompanhar o mandado.

Ordinariamente, como dissemos, a defesa, no processo do trabalho, é apresentada (escrita) ou formulada (oralmente) na própria audiência. Sob o rigor da lei, aliás, deveria ser sempre manifestada sob a forma oral (CLT, art. 847); no entanto, ponderáveis razões de ordem prática levaram os juízes do trabalho a aceitar as defesas escritas, de tal modo que, hoje, muitos magistrados chegam a irritar-se quando o réu informa que fará oralmente a sua defesa.

Em situações extraordinárias, como no caso de ações civis públicas, alguns juízes entendem que a resposta do réu não deverá ser apresentada em audiência, e sim em prazo por eles predeterminado; sendo assim, o mandado citatório deverá indicar qual será esse prazo. A propósito, alguns despachos judiciais exarados na inicial das mencionadas ações causam profundas inquietações no espírito dos réus quando dizem: "Cite-se o réu para contestar no prazo legal". Qual seria esse *prazo legal*, do ponto de vista do juiz, quando a lei não o define?

Inciso VI. O escrivão deverá assinar o mandado, explicitando que o faz por ordem do juiz. No processo do trabalho não há necessidade de dessa explicitação.

8. A atuação do oficial de justiça

Convém reproduzirmos, agora, as normas do CPC que disciplinam a atuação do oficial de justiça, na diligência citatória, tecendo breves comentários sobre essas normas.

"Art. 251. Incumbe ao oficial de justiça procurar o citando e, onde o encontrar, citá-lo: I — lendo-lhe o mandado e entregando-lhe a contrafé; II — portando por fé se recebeu ou recusou a contrafé; III — obtendo a nota de ciente ou certificando que o citando não a apôs no mandado".

Caput. Reprodução literal do *caput* do art. 226 do CPC revogado.

O texto legal em exame afirma que o oficial de justiça deverá citar o réu no lugar em que o encontrar. Não se aplicará esta norma, entretanto, nas situações indicadas nos arts. 244 e 245.

Inciso I. No processo civil cumprirá ao oficial de justiça ler o mandado ao réu e entregar-lhe a contrafé (cópia da petição inicial). Se o réu for surdo-mudo, mas souber ler, entendemos que o fato de o oficial de justiça deixar de ler-lhe o conteúdo do mandado não será causa de nulidade processual; afinal, o réu tomou ciência, pela leitura realizada, do teor dessa ordem judicial. Nulidade haverá se o réu, embora não sendo surdo, seja cego ou não saiba ler.

Seja como for, no processo do trabalho a citação (processo de conhecimento) não é realizada por oficial de justiça e sim pelo correio. Nas situações em que se impõe a citação por meio de oficial de justiça não se tem exigido que leia o teor do mandado ao réu: basta que lhe informe o motivo da citação e lhe entregue a contrafé.

Inciso II. O oficial de justiça declarará, ainda, se o réu recebeu a contrafé ou se recusou a recebê-la.

Inciso III. O oficial de justiça deverá solicitar ao réu que aponha a sua nota de "ciente" na cópia do mandado, que ser juntado aos autos. Se o réu recusar-se a lançar essa nora, incumbirá ao oficial de justiça certificar o fato, submetendo-o à consideração do juiz. É aconselhável, por isso, que o oficial procure inteirar-se do motivo da recusa, mencionando-o no mandado, a fim de que o juiz possa avaliar se o ato do réu foi justificável, ou não. Muitas vezes, o citando alega não ser parte legítima, indicando outra pessoa para ser citada, caso em que o juiz deverá mandar intimar o autor para que se manifeste a respeito no prazo que lhe assinar.

"Art. 252. Quando, por 2 (duas) vezes, o oficial de justiça houver procurado o citando em seu domicílio ou residência sem o encontrar, deverá, havendo suspeita de ocultação, intimar qualquer pessoa da família ou, em sua falta, qualquer vizinho de que, no dia útil imediato, voltará a fim de efetuar a citação, na hora que designar. Parágrafo único. Nos condomínios edilícios ou nos loteamentos com controle de acesso, será válida a intimação a que se refere o *caput* feita a funcionário da portaria responsável pelo recebimento de correspondência".

Comentemos.

Caput. Transcreveu-se o art. 227 do CPC revogado.

Sempre sustentamos, em livros, que a citação com hora certa não era admissível no processo do trabalho, em razão de a CLT não ser omissa (art. 769) quanto ao assunto. Com efeito, consta do art. 841, § 1º, desse texto legal que se o réu criar embaraços para receber a citação, esta será realizada por edital.

Estamos propensos a rever nossa opinião; aliás, já o fizemos em páginas anteriores deste livro.

A citação edilícia, prevista no § 1º do art. 841, da CLT, não só consome muito tempo, como impõe ao autor o pagamento das despesas de publicação — salvo se for beneficiário da justiça gratuita. A citação com hora certa não apresenta os problemas acarretados pelo edital. Ademais, não expõe a imagem do réu à curiosidade popular. Por essas razões, cremos que o processo do trabalho possa adotar a citação com hora certa, nas situações em que não for possível realizar esse ato pelo correio e quando se verificar que o réu está se esquivando de receber a citação.

O procedimento atinente a essa modalidade citatória é este: a) o oficial de justiça comparecerá por três vezes, em dias (e, talvez, horários) diferentes ao endereço do réu, constante do mandado; b) não o encontrando, e havendo suspeita de ocultação, deverá intimar qualquer pessoa da família de que, no dia seguinte (sendo útil), retornará para realizar a citação na hora que indicar; c) se o oficial de justiça não encontrar pessoa da família do réu, deverá fazer a intimação a qualquer vizinho.

É necessário enfatizar este ponto: para que a citação com hora certa seja legalmente possível, é imprescindível que o oficial de justiça se convença de estar havendo intuito de ocultação ao recebimento da citação por parte do réu.

Se, por exemplo, as diligências desse serventuário forem frustradas em razão de o réu estar ausente por motivo justificável (viagem, doença etc.) não poderá haver citação com hora certa, incumbindo ao oficial certificar o fato e submetê-lo à apreciação do magistrado, que deverá adotar as providências que o caso comportar.

Estando presente o pressuposto legal para a citação com hora certa, o oficial de justiça deverá atender ao procedimento estabelecido no art. 252.

Parágrafo único. O adjetivo *edilício* significa, no texto da lei, aquilo que se refere à edificação.

Será válida a intimação de que trata o *caput* feita a empregado da portaria responsável pelo recebimento de correspondência.

Conquanto a norma legal faça alusão a *condomínios* edilícios (e a loteamentos com controle de acesso), as suas disposições são aplicáveis aos edifícios em geral, mesmo que não integrantes de condomínio.

"Art. 253. No dia e na hora designados, o oficial de justiça, independentemente de novo despacho, comparecerá ao domicílio ou à residência do citando a fim de realizar a diligência. § 1º Se o citando não estiver presente, o oficial de justiça procurará informar-se das razões da ausência, dando por feita a citação, ainda que o citando se tenha ocultado em outra comarca, seção ou subseção judiciárias. § 2º A citação com hora certa será efetivada mesmo que a pessoa da família ou o vizinho que houver sido intimado esteja ausente, ou se, embora presente, a pessoa da família ou o vizinho se recusar a receber o mandado. § 3º Da certidão da ocorrência, o oficial de justiça deixará contrafé com qualquer pessoa da família ou vizinho, conforme o caso, declarando-lhe o nome. § 4º O oficial de justiça fará constar do mandado a advertência de que será nomeado curador especial se houver revelia".

Comentemos.

Caput. No dia e hora designados, o oficial de justiça voltará ao endereço de residência ou de domicílio do réu para realizar a diligência. Esse retorno ao local mencionado no mandado independe de despacho judicial.

§ 1º Não estando presente o réu, o oficial de justiça deverá informar-se acerca do motivo da ausência, dando por feita a citação, mesmo que o réu se tenha ocultado em outra comarca ou seção judiciária. Uma observação relevante: é recomendável que o oficial de justiça busque certificar-se do motivo da ausência do réu não neste momento, mas quando de suas anteriores tentativas de citação (art. 252), porquanto será este o momento oportuno para ele convencer-se de que a ausência do réu é justificável ou faz parte da estratégia deste de fugir à citação. Após decidir-se pela citação com hora certa (que, reitere-se, independe de novo despacho judicial) não faz muito sentido o oficial de justiça procurar saber a razão da ausência do réu.

§ 2º A citação com hora certa será considerada efetivada em uma destas situações: a) se a pessoa da família ou o vizinho, que houver sido intimado, estiver ausente; b) embora presente uma dessas pessoa, se recuse a receber o mandado.

§ 3º Em seguida, o oficial de justiça certificará a ocorrência, deixando contrafé com pessoa da família do réu ou com qualquer vizinho deste, conforme seja o caso. Da certificação deverá constar o nome do familiar ou do vizinho.

§ 4º Incumbirá ao oficial de justiça fazer constar do mandado a advertência de que, se houver revelia, será nomeado curador especial.

"Art. 254. Feita a citação com hora certa, o escrivão ou chefe de secretaria enviará ao réu, executado ou interessado, no prazo de 10 (dez) dias, contado da data da juntada do mandado aos autos, carta, telegrama ou correspondência eletrônica, dando-lhe de tudo ciência".

Reprodução, quase integral, do art. 229 do CPC revogado.

A citação com hora certa nem sempre traduzirá a certeza de que o réu, o executado ou o interessado foi, efetivamente, cientificado da existência da ação, pois o vizinho pode não lhes entregar o instrumento citatório (contrafé) deixado pelo oficial de justiça. Por isso, a lei determina que, efetuada a citação com hora certa, o escrivão remeta, no prazo de dez dias, ao réu, ao executado ou ao interessado carta, telegrama ou correspondência eletrônica, dando-lhe conhecimento de tudo. A ausência do envio de carta, telegrama ou correspondência eletrônica às pessoas mencionadas no texto legal tornará, a nosso ver, nula a citação — exceto se, a despeito disso, elas oferecerem a contestação.

"Art. 255. Nas comarcas contíguas de fácil comunicação e nas que se situem na mesma região metropolitana, o oficial de justiça poderá efetuar, em qualquer delas, citações, intimações, notificações, penhoras e quaisquer outros atos executivos".

Repete-se, em essência, o art. 230 do CPC revogado.

Se as comarcas forem contíguas e entre elas houver fácil acesso ("comunicação", diz a lei), ou se estiverem situadas na mesma região metropolitana, o oficial de justiça poderá efetuar, em qualquer delas, citações, intimações, notificações, penhoras e quaisquer outros atos executivos.

Parece-nos, efetivamente, que a expressão legal "fácil comunicação" deva ser interpretada como "fácil acesso". Ocorre que, modernamente, com os expressivos e incessantes avanços tecnológicos, especialmente a *Internet*, a citação de alguém residente ou estabelecido a milhares de quilômetros de distância em relação ao juízo da causa poderia ser considerada lícita, tendo em vista essa facilidade de comunicação.

Seja como for, a incidência do art. 255 pressupõe: a) que as comarcas sejam contíguas; ou b) integrem a mesma região metropolitana. A Constituição Federal, em seu art. 25, § 3º, autoriza os Estados federados, por meio de lei complementar, "instituir regiões metropolitanas, aglomerações urbanas e microrregiões, constituídas por agrupamento de municípios limítrofes, para integrar a organização, o planejamento e a execução de funções públicas de interesse comum".

Foi dentro desse espírito e desse objetivo constitucionais que o art. 255 do CPC permitiu a citação de que se ocupa.

"Art. 256. A citação por edital será feita: I — quando desconhecido ou incerto o citando; II — quando ignorado, incerto ou inacessível o lugar em que se encontrar o citando; III — nos casos expressos em lei. § 1º Considera-se inacessível, para efeito de citação por edital, o país que recusar o cumprimento de carta rogatória. § 2º No caso de ser inacessível o lugar em que se encontrar o réu, a notícia de sua citação será divulgada também pelo rádio, se na comarca houver emissora de radiodifusão. § 3º O réu será considerado em local ignorado ou incerto se infrutíferas as tentativas de sua localização, inclusive mediante requisição pelo juízo de informações sobre seu endereço nos cadastros de órgãos públicos ou de concessionárias de serviços públicos.

Comentemos.

Caput. Disposição semelhante estava no *caput* do art. 231 do CPC revogado.

Cuida-se, aqui, dos casos em que a citação por edital será realizada.

Inciso I. Podem existir casos em que o autor desconhece ou não tem certeza de quem deva figurar na relação processual na qualidade de réu. Diante disso, a citação será feita por edital. Essa situação é remotíssima no processo do trabalho.

Inciso II. A citação também será realizada por edital quando for ignorado, incerto ou inacessível o lugar em que o réu se encontrar.

Inciso III. Nos demais casos previstos em lei a citação será edilícia. Insere-se aqui o § 1º do art. 841 da CLT, em que pese ao fato de havermos manifestado propensão a admitir a citação com hora certa quando houver suspeita de que o réu esteja se esquivando à ação da justiça.

§ 1º Lugar inacessível, para os efeitos da norma legal em estudo, não é apenas o país que recusar o cumprimento de carta rogatória — como parece sugerir o texto legal —, senão que todo aquele em que o acesso não for possível, por motivos geográficos (montanhas, rios caudalosos), perigosos (favelas hostis, áreas de terras tomadas por posseiros ou em permanente estado de conflito social), bélicos (guerras, guerrilhas) etc.

§ 2º A citação por edital, nos casos de ser inacessível o lugar onde se encontre o réu, deverá ser divulgada pelo rádio, nas comarcas onde houver emissoras de radiodifusão. O objetivo é dar a maior publicidade possível a esse ato processual.

§ 3º Este parágrafo articula-se com o inciso II, que alude ao fato de o citando estar em lugar incerto e inacessível. O réu será assim considerado se revelarem infrutíferas as tentativas de sua localização, inclusive mediante requisição pelo juízo de informações sobre seu endereço nos cadastros de órgãos públicos ou de concessionárias de serviços públicos.

"Art. 257. São requisitos da citação por edital: I — a afirmação do autor ou a certidão do oficial informando a presença das circunstâncias autorizadoras; II — a publicação do edital na rede mundial de computadores, no sítio do respectivo tribunal e na plataforma de editais do Conselho Nacional de Justiça, que deve ser certificada nos autos; III — a determinação, pelo juiz, do prazo, que variará entre 20 (vinte) e 60 (sessenta) dias, fluindo da data da publicação única ou, havendo mais de uma, da primeira; IV — a advertência de que será nomeado curador especial em caso de revelia. Parágrafo único. O juiz poderá determinar que a publicação do edital seja feita também em jornal local de ampla circulação ou por outros meios, considerando as peculiaridades da comarca, da seção ou da subseção judiciárias".

Comentemos.

Caput. A matéria era tratada, de maneira algo diversa, no art. 232 do CPC revogado.

A norma estabelece os requisitos para a validade da citação por edital.

Inciso I. Aqui deverão ser e mencionadas a manifestação do autor ou a certidão do oficial de justiça sobre a ocorrência de uma das situações especificadas no art. 255.

Inciso II. A norma anterior determinava que houvesse publicação do edital uma vez no órgão oficial e pelo menos duas vezes no jornal local; exige-se, agora, que a publicação seja feita no sítio (*site*) eletrônico do respectivo tribunal e na plataforma de editais do CNJ, sendo certificada nos autos.

Inciso III. A determinação do juiz, fixando o prazo de vinte dias a sessenta dias, fluindo a contar da primeira publicação; havendo mais de uma o prazo será contado da primeira.

Inciso IV. A norma exige que do edital conste a advertência de que será nomeado curador especial em caso de revelia. Entendemos que deverá ser inserida antes a advertência de que, havendo revelia, serão considerados verdadeiros os fatos alegados na inicial.

Parágrafo único. Faculta-se ao juiz, tendo em vista as peculiaridades da comarca ou da seção judiciária, determinar que o edital seja publicado em jornal local, de grande circulação, por outros meios.

"Art. 258. A parte que requerer a citação por edital, alegando dolosamente a ocorrência das circunstâncias autorizadoras para sua realização, incorrerá em multa de 5 (cinco) vezes o salário mínimo.

Parágrafo único. A multa reverterá em benefício do citando".

Comentemos.

Caput. O assunto era regulado pelo *caput* do art. 233 do CPC revogado.

Trata-se de sanção processual, de natureza pecuniária, destinada a punir a parte que atenta contra o conteúdo ético das normas processuais ao requerer, de maneira dolosa, a citação edilícia sem que estejam presentes os requisitos legais. A multa será de cinco vezes o salário mínimo vigente na sede do juízo. Essa fixação com base em salários mínimo, a nosso ver, afronta o inciso IV do art. 7º da Constituição Federal.

Parágrafo único. A multa não tem caráter de taxa judiciária; por isso, verterá em favor do réu (*citando*, diz a lei). Reverter é retornar ao ponto inicial; como a multa em questão nunca pertenceu ao réu, é evidente que não reverterá, senão que *verterá* em seu benefício.

9. Ausência de pronunciamento do juiz sobre o fato (§ 2º)

É vedado ao juiz manifestar-se sobre a ocorrência ou a inocorrência do fato, assim como sobre as consequências jurídicas. O pronunciamento a esse respeito deverá ser realizado na sentença que solucionar a lide, se for o caso.

10. Cumulação de provas (§ 3º)

Em princípio, as pessoas interessadas poderão requerer a produção de outras provas no mesmo procedimento, contanto que se relacionem ao mesmo fato. Essa possibilidade deverá, entretanto, ser vetada pelo juiz sempre que se convencer de que o deferimento poderá acarretar excessiva demora. Neste caso, os interessados deverão requerer a produção da prova em procedimento distinto, atendida a regra contida no *caput* do art. 382.

11. Ausência de defesa ou de recurso (§ 4º)

A regra é a da inadmissibilidade de qualquer defesa ou recurso no procedimento da produção antecipada de provas. O recurso será cabível, apenas, no caso de o juiz indeferir, no todo, a produção da prova. A menção legal ao "requerente originário" está a indicar que somente este poderá recorrer, quando isso for possível, não se concedendo esse direito aos interessados a que se refere o § 3º do mesmo artigo.

No sistema do processo civil, a produção antecipada de provas será objeto de procedimento específico, tenha ela sido requerida antes do ajuizamento da ação ou no curso do processo. Em termos práticos estamos a dizer que o requerimento será autuado e tramitará apenso aos autos principais, se houver.

No processo do trabalho, entretanto, se a produção antecipada for requerida no curso processual, tanto poderá ser autuada em separado quanto o requerimento poderá ser formulado nos autos do processo principal, levando-se em conta a simplicidade do procedimento trabalhista. No primeiro caso, o ato judicial que indeferir a antecipação da prova traduzirá sentença, sendo, por isso, interponível recurso ordinário; no segundo, o ato configurará decisão interlocutória, por modo a impedir a sua impugnação mediante recurso (CLT, art. 893, § 1º). Essa solução dicotômica em tema de possibilidade de impugnação do ato judicial deriva da peculiaridade da legislação processual trabalhista.

Em alguns casos, poderá ocorrer de a parte ter indeferido o seu requerimento de produção antecipada de prova, mas, apesar disso, acabar produzindo a prova na fase processual oportuna, razão pela qual não terá argumento para alegar eventual nulidade do processo, com base nesse fato, mesmo que a sentença lhe seja desfavorável. Aliás, a particularidade de a parte haver podido produzir a prova no momento processual oportuno (fase de instrução) revela que o juiz andou certo ao indeferir a produção antecipada.

12. Os autos do procedimento

Os autos permanecerão em cartório durante 1 (um) mês para extração de cópias e certidões pelos interessados. É o que estabelece o art. 384, *caput*, do CPC.

A fim de que os interessados possam extrair cópias ou certidões, os autos do procedimento permanecerão em cartório ou em secretaria pelo prazo de um mês.

Findo o prazo, os autos serão entregues ao promovente da medida (*ibidem*, parágrafo único).

Decorrido o prazo previsto no *caput*, os autos serão entregues a quem promoveu a medida.

Os autos contendo a prova produzida por antecipação poderão ser juntados aos autos da ação principal, quando for o caso. Expliquemo-nos. Dissemos que o requerimento de produção antecipada de provas será autuado separadamente (conquanto admitamos a possibilidade ser juntado, desde logo, aos autos principais), tramitando *apenso* aos autos principais. Pois bem. Findo o procedimento da antecipação da prova, os autos correspondentes serão *juntados* aos principais.

Capítulo XIV

PRODUÇÃO DE PROVAS EM AÇÃO RESCISÓRIA

A ação rescisória integra o elenco das competências *originárias* dos Tribunais — que, em assuntos dessa ordem, atuam circunstancialmente como espécie de órgãos de primeiro grau; tanto isso é certo, que dos acórdãos aí proferidos será interponível recurso *ordinário* (CLT, art. 895, *b*).

Em sede de *iudicium rescindens* ou *rescisorium* a competência dos Tribunais não só é originária como plena e exauriente, compreendendo o conhecimento, a instrução e o julgamento. Dispõe, entretanto, o art. 972 do CPC, que "Se os fatos alegados pelas partes dependerem de prova, o relator poderá delegar a competência ao órgão que proferiu a decisão rescindenda, fixando prazo de 1 (um) a 3 (três) meses para a devolução dos autos". O CPC de 1973 dispunha, no art. 492: "Se os fatos alegados pelas partes dependerem de prova, o relator delegará a competência ao juiz de direito da comarca onde deva ser produzida, fixando prazo de , 45 (quarenta e cinco) a 90 (noventa) dias para a devolução dos autos".

O Código de 1973 havia reproduzido, com pequenas nuanças de literalidade, a regra do art. 801, § 3º, do estatuto processual de 1939, que se encontrava assim expressa: "Se os fatos em que se fundar a petição inicial, ou a contestação, dependerem de prova testemunhal ou de exames periciais, o relator delegará a competência para dirigir as provas ao juiz de direito do termo ou comarca onde residirem as testemunhas ou onde se encontrar a coisa, objeto do exame, devendo o processo ser devolvido no prazo marcado, salvo caso de força maior".

Comparando-se a redação do art. 972 do CPC de 2015, com a do art. 492 do CPC de 1973, verificamos que o Código de 2015 trouxe as seguintes alterações: a) o que antes era uma *imposição* ao relator ("delegará a competência") passou a constituir-lhe uma *faculdade* ("*poderá* delegar a competência"). Por isso, durante a vigência do CPOC de 1973 escrevemos nas edições anteriores deste livro: "A delegação de competência ao juízo inferior não se trata, como se possa pensar, de uma *faculdade* do relator, de tal modo que lhe seria lícito, em determinados casos, realizar, pessoalmente, a coleta da prova (testemunhal, pericial); esse ato delegatório de poderes traduz, ao contrário, nítida *imposição legal*, como evidencia o caráter imperativo do art. 492 ("o relator *delegará* a competência"; b) anteriormente, a competência era delegada ao juiz de direito da comarca onde a prova deveria ser produzida; agora, é delegada ao órgão que proferiu a decisão rescindenda.

Com relação à letra "b", lançamos a seguinte crítica, em outro livro de nossa autoria (*Comentários ao Novo Código de Processo Civil sob a Perspectiva do Processo do Trabalho*, 2. ed., São Paulo: LTr, junho de 2016. p. 1163): "O tema constava do art. 492 do CPC revogado. Este dispunha que se os fatos alegados pelas partes dependessem de prova, o relator delegaria competência *ao juiz de direito da comarca onde deveria ser produzida*. Lamentavelmente, o art. 972 do CPC de 2015 ordena que a competência seja delegada "ao órgão que proferiu a decisão rescindenda". Imagine-se a hipótese de a ação rescisória fundar-se em prevaricação, concussão ou corrupção do juízo delegado; ou no fato de o juiz estar impedido ou o juízo ser absolutamente incompetente. Como justificar-se, sob a perspectiva ética, que este venha a ser incumbido, por delegação do relator, para produzir prova a ser utilizada na ação rescisória que tem como objeto a sentença pelo mesmo juiz proferida? Cumprirá à doutrina e à jurisprudência, em situações como a mencionada, realizar uma interpretação adequada ao art. 972, do CPC, por forma a evitar um desprestígio do próprio Poder Judiciário, aos olhos das partes e da própria sociedade.

A única possibilidade de evitarmos essas consequências desastrosas para a credibilidade do sistema seria concluirmos que o art. 972 do CPC, em rigor, não proíbe o relator de determinar a remessa dos autos a qualquer Vara do Trabalho localizada na sede do Tribunal (tal como ocorria na vigência do CPC de 1973), desde que a carta de ordem fosse regularmente distribuída, *facultando-lhe*, todavia, ordenar essa remessa "ao órgão que proferiu a decisão rescindenda".

Não há negar que essa regra legal apresenta certos inconvenientes de ordem teorética, pois, visando a produção de provas a fornecer ao Tribunal elementos que possam influir, com eficácia, na formação do convencimento jurídico de seus membros a respeito dos fatos da causa, esse objetivo pode vir a ser frustrado, como se dará, p. ex., na hipótese de a prova não ser produzida com a eficiência e clareza desejáveis, ou, por inadvertência do juízo delegado, a tônica da atividade probatória incidir em fatos secundários, com preterição dos essenciais. Esse risco, todavia, não pode ser atribuído apenas à precitada delegação, pois também está presente em todos os casos em que a prova deva ser produzida em juízo diverso daquele perante o qual a ação foi aforada, como ocorre, *v.g.*, com as cartas precatória e rogatória. De qualquer forma, entra — agora sim — na *faculdade* do relator, determinar a repetição de provas que tenham sido mal colhidas, *ad instar* do que se verifica na hipótese de um juiz suceder a outro, no mesmo processo.

Do ponto de vista prático — devemos reconhecer —, a delegação de competência, de que se ocupa o art. 972 do CPC, se justifica pela falta de adequada estrutura dos Tribunais para procederem à coleta de certas provas, em especial as testemunhais e as periciais (excetuado, quanto a estas, em algumas Regiões Judiciárias, o exame grafotécnico ou grafodocumentoscópico). A delegação em exame não deve ser interpretada como simples regra de comodidade, em benefício do relator, se não que como uma clarividência do legislador, que soube colocar à frente as particularidades da tradicional estrutura orgânica dos Tribunais, que tornam impraticável o cometimento de competência instrutória ao próprio relator da rescisória. *De lege ferenda,* porém, isso será possível se os Tribunais forem internamente reformulados, de sorte a permitir-se o exercício da atividade probatória, pelos litigantes, na presença do relator e sob a direção deste.

Em princípio, somente devem ser objeto da delegação de competência prevista em lei os meios de provas *orais* e *periciais,* na medida em que a prova *documental* deve ser produzida com a inicial (CLT, art. 787; CPC, art. 320) e com a resposta do réu (CPC, art. 434), embora possam as partes juntar documentos *novos,* a qualquer tempo, desde que destinados a fazer prova de fatos acontecidos depois dos articulados, ou para contrapô-los aos que foram produzidos nos autos (CPC, art. 435, *caput*), ou que venham a tornar-se conhecidos, acessíveis ou disponíveis após esses atos, cumprindo à parte comprovar o motivo que a impediu de juntá-los anteriormente. Caberá ao juiz, entretanto, em qualquer caso, avaliar a conduta da parte, à luz do disposto no art. 5º (art. 435, parágrafo único), ou seja, segundo os preceitos de boa-fé.

Em outras situações excepcionais também será lícito ao juízo delegado permitir que as partes juntem aos autos documentos, tendentes, *e.g.*, a fundamentar a contradita de testemunhas; não faria sentido exigir-se que, na espécie, o contraditor requeresse *ao relator* a juntada de documentos relativos a fatos alegados em face do juízo ao qual se delegou competência instrutória.

A audiência que o juízo delegado vier a designar para a coleta de provas, máxime as *orais* (consistentes em interrogatório dos litigantes, inquirição das testemunhas e do perito), não será de *instrução e julgamento* (CLT, art. 843), mas apenas *de instrução,* porquanto o ato de *decidir* a causa, como é elementar, *permanece* na competência do Tribunal (e não do relator). Não se quer com isso dizer que a competência do juízo delegado ficará restrita à produção, pura e simples, da prova; é óbvio que ele, na qualidade de reitor da atividade probatória a ser desenvolvida pelas partes, deverá também dirimir, mediante decisões interlocutórias, os incidentes aí surgidos (salvo o pertinente à arguição de falsidade documental), como, *v.g.*, os relacionados com a contradita de testemunhas; com o indeferimento de perguntas formuladas pelas partes; com a escusa e a recusa do perito etc. Levando em conta que o forte traço de interlocutoriedade dessas decisões inibe a sua impugnação pela via recursal autônoma, caberá à parte interessada requerer que seja registrada na ata da audiência a sua discordância (sob a forma de "protesto") quanto ao ato judicial, para, mais tarde, alegar, seja diante do relator ou em grau de recurso ordinário, a nulidade do processo — contanto que se sinta apta a demonstrar que o referido ato lhe acarretou manifesto prejuízo processual (CLT, art. 794).

Se, por algum motivo legalmente justificável, o juízo delegado consentir que os litigantes juntem aos autos *documentos* (fora, pois, das oportunidades fixadas pelos arts. 787 da CLT e 434, do CPC) e vindo estes a ser inquinados de falsos, caber-lhe-á processar o incidente (CPC, art. 430), com suspensão não do processo principal, e sim da atividade probatória que lhe foi delegada, devolvendo, em seguida, os autos ao relator para que se pronuncie acerca da falsidade ou da autenticidade do documento. Permitir que o juiz delegado profira decisão resolutiva do incidente em pauta seria usurpar do relator uma competência que, a nosso ver, lhe é privativa. Sendo, aliás, o incidente suscitado no Tribunal (quando este for o caso), processar-se-á perante o relator. Não podemos perder de vista o fato de que a delegação de competência foi para fins apenas *instrutórios*. Entender que o juízo delegado deveria, na hipótese, também *decidir* o incidente de falsidade, seria consagrar a anomalia de permitir que uma decisão do juízo delegado pudesse ficar, heterotopicamente, embutida no acórdão que o Tribunal viesse a prolatar com relação à rescisória. Nem nos esqueçamos de que a decisão interlocutória que soluciona o incidente em foco *faz coisa julgada material*, uma vez que é definitiva quanto à questão prejudicial examinada. Essa peculiaridade realça, ainda mais, a anomalia de que há pouco falamos, derivante de um insólito fenômeno heterotópico, pois teríamos a infiltração de um ato do juízo delegado na competência decisória do relator.

Para os que sustentam a viabilidade de o incidente ser decidido, de modo geral, no corpo do próprio acórdão relativo à rescisória (como matéria preliminar), fica ainda mais cômodo argumentar com o veto à possibilidade de o juízo delegado resolver o incidente.

É sempre proveitoso observar que a despeito de o relator poder encaminhar ao juízo delegado os próprios autos da rescisória, para efeito de nele praticar os atos instrutórios necessários, a experiência prática sugere que essa delegação seja feita por meio de *carta*, permanecendo os autos principais com a autoridade delegante; não estamos a cogitar de carta precatória, e sim *de ordem*, que deverá ser instruída com os elementos necessários ao seu fiel e integral cumprimento. Para essa finalidade, fará o relator juntar à carta cópias das peças processuais indispensáveis à orientação do juízo delegado, com vistas à atividade probatória a ser perante ele desenvolvida pelas partes, além de precisar-lhe o fato probando, o objeto ou a coisa a serem examinados pelo perito, conforme seja o caso.

O CPC fixa prazo, que mediará de um a três meses, para a devolução dos autos (art. 792); é lógico que essa devolução pressupõe o *cumprimento* da carta de ordem, vale dizer, que a prova tenha sido produzida. Sendo assim, se o juízo delegado pressentir que não poderá restituir os autos no prazo assinado pelo relator, deverá solicitar-lhe, com antecedência, a dilatação pelo tempo necessário. Embora o Código atual não faça referência a essa possibilidade de prorrogação do prazo, entendemos perfeitamente invocável, para esse efeito, a *justa causa a* que faz menção o art. 223 do CPC. Afinal, seria algo insensato fazer tábula rasa de motivos ponderosos, ou de fatos notórios, que estejam a impedir ao juízo delegado a coleta de prova e a consequente devolução dos autos, no prazo fixado pelo delegante. É de nosso parecer que mesmo tendo havido excesso de prazo, sem o consentimento do relator, isso não afetará a prova produzida, que manterá a sua eficácia como fator de influência na formação do convencimento jurídico dos membros da Corte, no que respeita aos fatos por ela abrangidos — nada obstante o juízo delegado fique sujeito às sanções correcionais, acaso previstas no Regimento Interno do Tribunal a que esteja vinculado.

Colhida a prova, exaure-se a função do juízo delegado. Desse modo, não lhe caberá formular propostas conciliatórias ou abrir oportunidade para que as partes aduzam razões finais; fazê-lo, seria extravasar os limites da competência que lhe foi transferida em quantidade certa. Estamos convencidos, a propósito, de que nem mesmo o relator está obrigado a fazer propostas destinadas a conduzir as partes à conciliação, conquanto se deva conceder a estas, quando os autos retornarem ao Tribunal, ensejo para a apresentação de *razões finais,* por força do disposto no art. 973, *caput,* do CPC.

Vindo, contudo, a parte a arguir a *suspeição* do juízo delegado, a quem competirá instruir e julgar a exceção?

Sob a óptica tradicional do processo civil, a resposta apontaria para o Tribunal a que se encontra subordinado o juiz inquinado de suspeito (art. 146), sempre que este não reconhecer a causa de suspeição irrogada (*ibidem, § 1º*, parte final); pelo sistema *sui generis* da CLT, no entanto, competente será o próprio juiz inquinado de suspeito, como revela a expressão literal do art. 802, § 1º: "Nas Varas e nos Tribunais Regionais, *julgada* procedente (*sic*) a exceção de suspeição, será logo convocado, para a mesma audiência ou sessão ou para a seguinte, *o suplente do membro suspeito,* o qual continuará a funcionar no feito até decisão final" (sublinhamos). Note-se: o suplente apenas será convocado *após* a exceção haver sido julgada em primeiro grau (e não pelo Tribunal), sendo certo que essa decisão é proferida pelo próprio juiz de quem se suspeitou. Proceder-se-á do mesmo modo se o juiz declarar-se, por sua iniciativa, suspeito (*ibidem*), inclusive, por motivo íntimo (CPC, art. 145, § 1º).

Bem ou mal, esse foi, à evidência, o critério adotado pelo legislador trabalhista; melhor será, todavia, que lei futura, inspirando-se na regra do art. 146, § 1º, do CPC, o modifique, para dar cobro a essa falta contra o senso lógico, consistente em permitir que o juiz suspeito participe da instrução e profira a sentença resolutiva da exceção.

Capítulo XV

Prova e cognição

Do ponto de vista filosófico, o substantivo *cognição* significa o ato de adquirir conhecimento. O verbo *conhecer*, por sua vez, traduz a noção ou a informação que se obtém, quanto à determinada coisa ou fato.

Não é diverso o sentido que o vocábulo *cognição* apresenta no plano do processo judicial. Aqui, ele expressa o ato pelo qual o juiz toma conhecimento dos fatos narrados pelos litigantes e sobre os quais deverá emitir um pronunciamento. Há, portanto, uma relação indissociável entre o magistrado, como *ser cognoscente,* e os fatos alegados pelas partes, como *objeto cognoscível,* que pode ser sintetizada na vetusta parêmia latina: "da *mihi factum, dabo tibi ius*". Em termos gerais, portanto, às partes incumbe narrar, com precisão e fidelidade, os fatos dos quais extraem pretensões (geralmente, de direito material), e, ao juiz, proceder à categorização jurídica desses fatos, vale dizer, declarar qual a norma legal incidente.

É necessário esclarecer, todavia, que a atividade jurisdicional não deve ser vista segundo uma óptica dogmática tradicional, que de tal modo deva ser resumida a uma aplicação mecânica das normas jurídicas; modernamente, as circunstâncias da vida e as contingências do Direito têm autorizado o juiz a buscar, na lei, um sentido que, embora possa estar em antagonismo com a sua expressão literal, se harmoniza com o fim social a que ela se destina ou com as transformações dos padrões axiológicos da sociedade, impostas pela dinâmica das relações interindividuais ou coletivas. Isso não corresponde a afirmar que, no sistema normativo de nosso país, seja lícito, como princípio, ao juiz criar a norma legal, numa espécie de *judge made law,* conquanto isso seja possível em sede de ações coletivas, em face das quais os tribunais trabalhistas brasileiros podem fazer largo uso do poder normativo, que lhes atribui o art. 114, § 2º, da Constituição Federal em vigor.

A cognição jurisdicional varia, entretanto, em amplitude e em profundidade; daí, cogitar-se, em doutrina, das cognições: *a*) horizontal e *b*) vertical, respectivamente. O que determina a amplitude ou a profundidade da cognição é a pretensão material formulada em juízo.

Quando se diz que a cognição é *horizontal,* se está, com isso, realçando a *extensão* com que ela deverá ser realizada em face do conflito intersubjetivo de interesses. Sob este ângulo, a cognição poderá ser parcial ou total, conforme tenha como objeto parte da lide ou a lide por inteiro. Assim, por exemplo, numa ação em que um trabalhador estável, demitido sem justa causa, pede, exclusivamente, a condenação do empregador ao pagamento de horas extras, não cabe discutir se a demissão teria sido correta, ou não, pois esse fato não integra o conflito de interesses submetido, naqueles autos, à apreciação jurisdicional.

A cognição *vertical* se liga à *profundidade* com que deverá ocorrer a atividade jurisdicional, ou seja, ao grau com que esse conhecimento haverá de ser realizado. Destarte, se, *v.g.*, em virtude de recurso ordinário o tribunal só pode apreciar a matéria impugnada, conforme a regra latina "*tantum devolutum quantum appellatum*", consagrada pelo art. 1.013, § 1º, do CPC, isso significa que, dentro dessa extensão (plano horizontal), a ele será permitido ir até o último grau de profundidade, em sua atividade cognoscitiva (plano vertical). Assim dizemos, porque, no recurso ordinário, a cognição vertical é plena; em outros casos, contudo, ela é bem menos intensa, conforme veremos adiante. De qualquer forma, podemos, desde logo, aderir à classificação doutrinal da cognição vertical em: *a*) exaustiva; *b*) sumária; e *c*) superficial.

Será, justamente, com vistas ao aspecto da *profundidade* da cognição jurisdicional que examinaremos, a seguir, o problema da exigibilidade da prova judicial. Teremos em conta, portanto, a partir deste momento, o binômio *cognição vertical/prova,* ao qual a doutrina de nosso país não tem dedicado a atenção que a importância do tema está a reclamar.

Cognição exaustiva. É característica do processo de conhecimento, importa asseverar, daquele processo em que se procura a solução de um conflito intersubjetivo de interesses. A cognição, aqui, é exaustiva, não apenas sob o prisma da intensidade com que é realizada, mas, também, tendo em conta que visa, com a solução da lide, a impedir a repetição da demanda.

Esse traço peculiar do processo de conhecimento permite que a cognição do juiz seja ampla, em seu sentido vertical, na medida em que, como dissemos, a sentença se reveste de um efeito exaustivo da lide. Nesse processo, a cognição é de tal maneira intensa, que deu o nome ao próprio processo. O juízo, aqui, é de certeza.

É, precisamente, por esse motivo, que, no processo do tipo cognitivo, a prova deve ser plena, cabal, efetivamente suasória, porque esse caráter de exaustão se amolda inteiramente ao escopo do processo em que ela é produzida. Assim, se o trabalhador afirma que trabalhava além da jornada ordinária, é absolutamente indispensável que prove, de maneira inequívoca, o fato alegado, exceto se este se tornou incontroverso, por não haver sido, *e.g.*, contestado pelo empregador (CPC, art. 374, II e III). Convém repisar: no processo de conhecimento, a necessidade de a prova ser cabal decorre da finalidade desse processo, que é a de solucionar *definitivamente* a lide, sabendo-se que o juiz, para formar a sua convicção jurídica acerca dos fatos da causa, deverá fundar-se na prova dos autos (CPC, art. 371), salvo se, em situações excepcionais, puder invocar as máximas de experiência, ou seja, aquelas experiências comuns "subministradas pela observação do que ordinariamente acontece" e desde que inexistam normas jurídicas específicas para o caso concreto (CPC, art. 375).

Percebe-se, por outro lado, a especial relevância com que se apresenta, diante desse quadro, o ônus da prova, porquanto se a parte dele não se desincumbir, de modo satisfatório, poderá ver o seu direito definitivamente sepultado pela sentença de mérito desfavorável. Dessa mesma particularidade, extrai-se a regra de que cumpre assegurar aos litigantes, com certa amplitude, a possibilidade de produzirem as provas necessárias à comprovação dos fatos narrados, sob pena de eventual restrição ou cerceamento desse direito conduzir à decretação da nulidade do processo.

A cognição *exaustiva*, que estamos a examinar, se torna mais nítida no campo do processo civil, no procedimento ordinário, onde os princípios constitucionais do contraditório e da ampla defesa atuam com maior intensidade, exigindo, em decorrência disso, que a prova dos fatos alegados seja sempre plena, de sorte a não deixar dúvida quanto à veracidade dos fatos sobre os quais incidiu. Mesmo no procedimento sumário, a cognição é *exaustiva*, embora, aqui, por motivos de política legislativa, se tenha procurado uma simplificação do procedimento, mediante a concentração de determinados atos. O que não se deve ignorar é que, também no procedimento sumário, o escopo da sentença é o de solucionar a lide, isto é, dirimir, em caráter definitivo (= exaustivo), o conflito de interesses.

No processo do trabalho, o procedimento clássico é o ordinário (embora pareça ser sumário, se confrontado com o ordinário do processo civil). Aqui, a prova deve ser igualmente cabal, permitindo-se, todavia, que o juiz tome iniciativa, em certas situações, de produzi-la, como se dá no caso do art. 825, parágrafo único da CLT. De igual modo, a cognição deve ser exaustiva no procedimento sumariíssimo, pois tanto este quanto o ordinário integram o procedimento *comum* (ao qual se contrapõe, de certa forma, o *especial*).

Pelas considerações até este ponto expendidas, torna-se possível concluir que, no domínio das *ações de segurança*, a cognição é exaustiva, pois o pronunciamento jurisdicional (sentença mandamental) será de mérito, se considerarmos que o pedido do impetrante não poderá ser objeto de uma nova ação de segurança, exceto se calcar-se em *causa petendi* diversa da anterior. A prova, na ação de segurança, é, quase sempre, preconstituída, porquanto a Lei n. 12.106/2009 estabelece, por outras palavras, que a prova é essencialmente documental, e que os documentos devem acompanhar, desde logo, a petição inicial (art. 6º). No que tange ao *momento* da produção da prova documental, aliás, coloca-se na mesma ordem de exigência o art. 787 da CLT. A este respeito, merece ser lembrada a Súmula n. 415, do TST: "MANDADO DE SEGURANÇA. PETIÇÃO INICIAL. ART. 321 DO CPC DE 2015. ART. 284 DO CPC DE 1973. INAPLICABILIDADE. (atualizada em decorrência do CPC de 2015) – Res. 208/2016, DEJT divulgado em 22, 25 e 26.04.2016.

Exigindo o mandado de segurança prova documental pré-constituída, inaplicável o art. 321 do CPC de 2015 (art. 284 do CPC de 1973) quando verificada, na petição inicial do "*mandamus*", a ausência de documento indispensável ou de sua autenticação. (ex-OJ nº 52 da SBDI-2 - inserida em 20.9.2000).

Cognição sumária. É típica dos juízos de probabilidade, das situações em que há um direito apenas *aparente*. Exatamente por isso, a cognição sumária se dá em um grau de profundidade inferior ao que é próprio da cognição exaustiva.

Justifica-se a cognição sumária segundo a dramaticidade da situação trazida a juízo, cuja tutela jurisdicional não poderia ser prestada a tempo de evitar o dano ao direito da parte, se a cognição devesse ser aprofundada, ou seja, verticalmente exaustiva.

Fica evidente, pois, que a cognição sumária é própria do processo cautelar, teleologicamente instituído para atender às situações de urgência, assinaladas, de maneira dramática, pela existência de direitos periclitantes. Melhor esclarecendo: a cognição sumária é inerente não, propriamente, ao processo cautelar, como um todo, mas com vistas ao proferimento da *sentença cautelar*. Como procuraremos demonstrar, mais adiante, em sede de *liminar cautelar* a cognição não é sumária, e, sim, *superficial*.

Quando dizemos que a cognição é *sumária*, no processo cautelar, para efeito do proferimento da sentença que lhe é própria, estamos, na verdade, afirmando que se trata de um juízo de *probabilidade:* concede-se a medida cautelar, mediante sentença, tendo como pressuposto a probabilidade de o autor provar, no processo de conhecimento, de maneira cabal, a veracidade do fato alegado.

A cognição, neste caso, incide na prova produzida no processo cautelar, sendo suficiente, para isso, que esta seja, apenas, *razoável*, em contraposição à *cabal*, que é típica do processo de conhecimento, onde o elemento *certeza* é colocado à frente.

Insistindo: enquanto, no processo *de conhecimento*, a prova deve ser plena, cabal, levando-se em consideração o fato de que, nesse processo, haverá a solução da lide, ou seja, um pronunciamento sobre o mérito da demanda, a formulação, enfim, de um juízo de certeza, de convicção, no processo *cautelar*, para efeito da sentença, será suficiente uma prova razoável (portanto, não-plena), porquanto, em regra, não há lide nessa espécie de processo, vale dizer, a sentença não se pronuncia, em caráter definitivo ("satisfativo") sobre o direito material alegado pelo autor; aqui, pois, como se frisou, o juízo é de mera probabilidade. Em rigor, a finalidade do processo cautelar não é a tutela do direito material, e, sim, a tutela do próprio processo de conhecimento, motivo por que se tem entendido que, sob essa perspectiva, o processo cautelar é um "instrumento do instrumento".

Seria, mesmo, ilógico, que, tendo o processo cautelar a finalidade de atender a uma situação de periclitância de direito — integrando, exatamente por isso, as denominadas "tutelas de urgência" —, de tal maneira que a sentença deva ser emitida o quanto antes, devesse exigir-se uma cognição *exaustiva*, e, em consequência, uma prova plena, cabal. A necessidade da breve entrega da prestação da tutela cautelar faz com que o magistrado se satisfaça com uma prova, apenas, *razoável* (o que não se justifica é a emissão da sentença cautelar sem um mínimo de prova do fato alegado). Tratando-se de juízo de mera probabilidade, cabe-lhe, sendo o caso, proferir a sentença, sob o pressuposto de que o autor terá condições de provar, no processo de conhecimento, de modo amplo e exaustivo, o fato em que funda as suas pretensões de direito material.

É, de igual forma, sumária, a cognição jurisdicional em tema de liminar em ação de segurança, pois o juízo, nesta situação, é de probabilidade: embora se funde em prova plena (que é documental e pré-constituída), a liminar concede a segurança a título precário, sabendo-se que pode ser, inclusive, cassada. Só a sentença mandamental, que espelha um juízo de *certeza* (ainda que recaia sobre a mesma prova), tem aptidão para atribuir a segurança em caráter definitivo (exaustivo).

Cognição superficial. Sua sede, por excelência, é a liminar *cautelar.* O juízo, aqui, é de simples verossimilhança, a significar que o magistrado outorga, *in limine,* a providência acautelatória, supondo que o solicitante possa provar, no curso da instrução sumária do próprio processo cautelar, o fato alegado. Provar de maneira somente razoável, como dissemos, pois a prova cabal é exigida, apenas, no processo de conhecimento.

Embora possa revelar-se perturbadora dos princípios a nossa opinião, o fato é que, se bem verificarmos, veremos que, para efeito de concessão da liminar cautelar não se requer, nem mesmo, o clássico pressuposto do *fumus boni iuris* (embora se deva examinar o do *periculum in mora*), exigível, unicamente, com vistas ao proferimento da sentença cautelar. Dizendo por outra forma: o juízo, em sede de liminar acautelatória, é, na verdade, de pura *intuição,* pois não sendo necessária a demonstração da veracidade do fato alegado, o que fica é, justamente, esse misto de pressentimento, de sensação e de descortino do magistrado, a que se chama intuição. Nada há de aberrante nesta inferência, se tivermos a sensibilidade suficiente para perceber: 1) o caráter não definitivo de uma liminar; 2) a possibilidade de ser demonstrada, durante a instrução do processo cautelar, a dramaticidade da situação de fato que levou o indivíduo a postular a concessão liminar da medida; 3) o verdadeiro sentido do poder geral de cautela, que a norma legal comete aos magistrados (CPC, art. 300).

Abalançamo-nos a asseverar, portanto, que, em muitos casos, o juiz pode conceder, *liminarmente,* a medida acautelatória sem nenhuma prova nos autos quanto à veracidade dos fatos alegados pelo autor, como quando as experiências da vida infundirem em seu espírito a sensação de que possam estar em risco, no caso concreto, certos valores humanos fundamentais, cuja tutela jurisdicional deve ser prestada de imediato, sob pena de tais valores sofrerem lesões irreparáveis ou de difícil reparação.

Resumo.

Convém efetuarmos, agora, por um imperativo didático, um resumo das ideias manifestadas neste Capítulo, sobre o binômio *cognição vertical/prova.*

1) A cognição jurisdicional pode ser vista sob duas ópticas: *a*) horizontal, que diz da sua amplitude, podendo, por isso, ser parcial ou total e *b*) vertical, que se refere à profundidade, classificando-se em: *a*) exaustiva; *b*) sumária; e *c*) superficial.

2) A cognição *exaustiva* é própria do processo de conhecimento, que traduz um juízo de certeza. Aqui, a prova deve ser plena, pois destinada a influenciar na formação do convencimento jurídico do magistrado, com vistas à solução do conflito intersubjetivo de interesse, vale dizer, da lide. A sentença mandamental pressupõe, igualmente, um juízo de certeza, devendo, em razão disso, fundar-se em prova cabal.

3) A cognição *sumária é* característica dos juízos de probabilidade. É o caso do processo cautelar, no que respeita à sentença, e da liminar, nas ações de segurança. A convicção do juiz se forma com base em provas, apenas, razoáveis, pois se imagina, no plano do processo cautelar, que o autor irá provar, de maneira plena, o fato, no processo de conhecimento; e se supõe que o impetrante, na ação mandamental, não terá alterado o reconhecimento do seu direito, por ser líquido e certo.

4) A cognição *superficial* é inerente às liminares cautelares, que podem ser concedidas sem que haja qualquer prova acerca do fato alegado. É um juízo de mera verossimilhança, de verdadeira intuição do magistrado, no sentido de que o autor irá, durante a instrução do próprio processo cautelar, produzir prova razoável sobre o fato em que baseou o pedido. Nem se há que cogitar, aqui, do pressuposto do *fumus boni iuris,* exigível, apenas, para efeito de prolação da sentença cautelar.

5) Perpetrará, portanto, falta contra a natureza da cognição que é típica das liminares cautelares, o juiz que indeferir a medida, sob o argumento exclusivo de que não estava presente o pressuposto do *fumus boni iuris.* Essa aparência de bom direito, como advertimos, só se requer com relação à sentença acautelatória.

Capítulo XVI

DOS DEVERES PROCESSUAIS DAS PARTES E DE TERCEIROS

Nenhum estudo sobre a prova judiciária deve desprezar certas noções históricas e adminiculares a respeito dos deveres processuais das partes, de terceiros e de seus respectivos procuradores.

Há um manifesto entrelaçamento lógico e legal entre ambos os temas, a justificar o seu estudo e a afirmação da existência de uma *deontologia processual.*

Modernamente, já não se admite que as partes possuam ampla disponibilidade do processo. O Estado, detentor exclusivo do poder-dever jurisdicional, ao contrário, estabeleceu regras não apenas técnicas, mas também morais, que devem ser observadas pelos litigantes em juízo. Pode-se asseverar, por isso, que há uma *verdadeira disciplina processual,* imposta pelo Estado às partes, em nome do conteúdo ético do processo e da própria respeitabilidade do Poder Judiciário.

Esse disciplinamento não se restringe somente à atividade probatória, se não que se estende por todo o processo, constituindo, desta forma, uma autêntica limitação da liberdade processual dos contendores, na medida em que lhes fixa diretrizes de conduta, a cuja observância estão compelidos.

Como observa Carnelutti, uma coisa é reconhecer a necessidade e até a insubstituibilidade da parte, ainda que para a determinação do conteúdo do processo "y otra es admitir que su acción no deba ser disciplinada. *Este es incluso el campo donde hay la mayor necesidad de una severa disciplina* (sublinhamos). Aqui, sobre todo, se comporta a menudo la parte como un caballo fogoso que hay que *sujetar bien a* fin de corregir los defectos, verdaderamente constitucionales, de su actividad" (*Reforma alemana y reforma italiana del proceso civil de cognición, in: Estudios de Derecho Procesal,* Ed. Jurídicos Europa-América, Trad. de *Santiago Sentis Melendo,* 1952, v. 1 p. 171).

Dentre esses *defeitos* próprios das partes, a que se referiu Carnelutti, está o de dizer a verdade ao juiz somente até onde a ela convém. É preciso, pois, constranger-se o litigante a dizer a verdade do que souber "Y esto no está en contradición con la libertad essencial al derecho subjetivo, ya que no repugna a la libertad la exigencia de un límite determinado por el mismo interés público respecto del cual libertad y derecho subjetivo no son más que instrumentos" (*idem, ibidem*).

Sobre o dever de veracidade das partes iremos nos manifestar logo a seguir.

1. Deveres das partes

Fundamentalmente, poderíamos resumir a dois esses deveres: *a*) o de lealdade e *b*) o de probidade.

Estabelece o art. 77, do CPC: Além de outros previstos neste Código, são deveres das partes, de seus procuradores e de todos aqueles que de qualquer forma participem do processo: I - expor os fatos em juízo conforme a verdade; II - não formular pretensão ou de apresentar defesa quando cientes de que são destituídas de fundamento; III - não produzir provas e não praticar atos inúteis ou desnecessários à declaração ou à defesa do direito; IV - cumprir com exatidão as decisões jurisdicionais, de natureza provisória ou final, e não criar embaraços à sua efetivação; V - declinar, no primeiro momento que lhes couber falar nos autos, o endereço residencial ou profissional onde receberão intimações, atualizando essa informação sempre que ocorrer qualquer modificação temporária ou definitiva; VI - não praticar inovação ilegal no estado de fato de bem ou direito litigioso".

A CLT é literalmente omissa quanto a tais deveres que, nada obstante, devem ser exigidos pelo processo do trabalho.

As disposições deontológicas do art. 77, do CPC, constituem emanação da regra inscrita no art. 5º do mesmo Código, segundo a qual "Aquele que de qualquer forma participa do processo deve comportar-se de acordo com a boa-fé".

Examinemos os deveres a que estão vinculadas as partes, seus procuradores e todos aqueles que, a um título ou outro, participem do processo, como: o chefe de secretaria, o oficial de justiça, o perito, o depositário, o administrador, o intérprete, o tradutor, o mediador, o conciliador judicial, o partidor, o distribuidor, entre outros (CPC, art. 149).

1.1. Expor os fatos conforme a verdade

A preocupação do Estado, em relação à conduta processual das partes, já estava manifestada em legislações antigas.

No Direito Romano, por exemplo, à época dos processos das ações da lei, instituíra-se a segurança do *sacramentam;* a perda deste, em prol do Estado, constituía, segundo *Elido de Cresci Sobrinho* (*Dever de Veracidade das Partes no Novo Código de Processo Civil.* São Paulo: Vellenich, 1975. p. 12), "uma pena rigorosa e absoluta suportada pela parte sucumbente, não se exigindo uma particular indagação a respeito da temeridade da ação ou da resistência; o próprio fato da sucumbência era presunção de temeridade e dolo".

Advieram: *a*) as *sponsiones* que as partes tinham de jurar sob *condictio certae pecuniae: era* a *sponsio* correspondente a um terço do valor da ação; *b*) a litiscrescência, cuja consequência implicava condenação ao dobro da garantia, na hipótese de o réu não reconhecer o pedido da ação e o tivesse discutido sem fundamento; *c*) o *indicium calumniae,* também pena processual, que se aplicava ao autor quando este fosse culpado ou deixasse perder a ação; o valor dessa penalidade era de um décimo do montante da ação ou da condenação. O juramento de calúnia tinha por finalidade prevenir a má-fé das partes — e, conseguintemente, a desonestidade (ou deslealdade) processual. Ao tempo de Justiniano, a propósito, exigiam-se de ambos os litigantes e de seus respectivos procuradores esse juramento (jurava o autor: *"non calumniandi animo litem movisse, sed existimando bonam causam habere"*; e o réu: *"quod putans se bona instantia uti ad reluctandum pervenerit"*).

Como Cresci Sobrinho, com apoio em Klein e Goerres, acreditamos que o juramento de calúnia, vigente no Direito Romano antigo, constitui o antecedente histórico mais remoto do dever de verdade que os códigos modernos contemplam.

Igualmente em outras legislações estava presente o cuidado de evitar-se a atividade desleal das partes, como ocorria nos tribunais peninsulares, onde, para tanto, se utilizava a *manquadra.* Esta era um juramento prévio, consistente na afirmação de que não se iria litigar de maneira caluniosa ou por espírito de chicana. A manquadra, cujo objetivo principal era obstar a mentira das partes, se assemelhava, neste particular, ao juramento de calúnia, dos romanos e ao juramento de asto do direito longobardo. À guisa de ilustração histórica, transcrevemos, a seguir, a forma com que o juramento de manquadra era prestado, conforme está expresso no *Foro de Plasencia.* "Esta es la manquadra; diga el contendor; vienes jurar que demandas ¿verdad? R. si vengo, o, si juro. Diga su contendor: si verdad dices, Dios te ayude, e si non, Dios te confonda. R. Amen" (Paulo Merêa. História e Direito, Acta Universitalis Conimbrigensis, 1967. p. 166).

A exigência de veracidade foi, depois, incorporada às Ordenações reinóis portuguesas, estabelecendo as Filipinas, em seu Livro 3º, Título XLIII, o juramento do autor no sentido de não demandar com propósito malicioso, embora *"verdadeiramente* se defenderá até o fim..." (sublinhamos).

Abandonando o antigo *iusirandum calumniae,* os códigos processuais modernos passaram a disciplinar o *dever de verdade* das partes, atribuindo a doutrina[73] ao processo germânico essa iniciativa.

O CPC vigente, como vimos, também fixou os deveres processuais dos litigantes, dentre os quais está o de verdade. Daí, o interesse do tema para o processo do trabalho, em face do disposto no art. 769 da CLT. Significa que as partes devem narrar em juízo os fatos tal como aconteceram, ou seja, devem ser fiéis à *verdade real.* Nem sempre isso ocorre, todavia. Muitas vezes uma ou ambas as partes procuram alterar a verdade dos fatos, subtraindo-a do conhecimento do juiz para, com isso, conseguir proveito pessoal. E não há negar que, lastimavelmente, em alguns casos o conseguem, porquanto é a *verdade formal* que influi na formação do convencimento do julgador.

Aliás, há um dito universal, irônico, de que, durante o processo judicial, tudo acaba vindo à tona – tudo, menos a verdade...

Manifestando a sua censura quanto a essa conduta desonesta dos litigantes, a Exposição de Motivos do projeto de lei que instituiu o CPC de 1973 dispunha: "Posto que o processo civil seja, de sua índole, eminentemente dialético, é reprovável que as partes se sirvam dele, faltando ao dever, da verdade, agindo com deslealdade e empregando artifícios fraudulentos; porque tal conduta não se compadece com a dignidade de um instrumento que o Estado põe à disposição dos contendores para atuação do direito e realização da justiça".

Foram, precisamente, essas razões éticas e jurídicas que motivaram o legislador a estabelecer os deveres processuais dos litigantes, enumerando-os nos arts. 77, 78, 379, 396, 459, § 2º, 481, nada obstante haja outros mais.

Na hipótese de a parte (ou terceiros em geral) alterar, deliberadamente, a verdade dos fatos, ou omitir, de modo intencional, fatos essenciais ao julgamento da causa, e desde que haja prova quanto a isso, será considerada *litigante de má-fé* (CPC, art. 80), respondendo, em consequência, por perdas e danos (CPC, art. 79) e pagando multa (art. 77, §§ 2º a 5º).

Nas edições anteriores deste livro dissemos:

> *"Embora o processo do trabalho também possua um acentuado conteúdo ético, entendemos que não se aplicam aqui as disposições do CPC relativas ao litigante de má-fé, no que concerne à indenização por perdas e danos, por incompatibilidade substancial.*
>
> *Wagner Giglio (op. cit., p. 109/110), em lição que adotamos, pondera que no processo do trabalho as perdas ou prejuízos de direito material, sofridos pelo empregado, já estão cobertos pelas indenizações tarifadas previamente em lei, não havendo razão para cogitar-se em apuração de perdas e danos. Quanto aos honorários advocatícios, que deveriam ser pagos pelo litigante de má-fé, somente são devidos ao empregado, e ainda assim na hipótese única da assistência judiciária (Lei n. 5.584/70, art. 14).*
>
> *Também os danos que o empregado possa causar ao direito substancial do empregador estão previstos na lei trabalhista (CLT, art. 462, § 1º e 480).*
>
> *Com referência às despesas processuais (destas excluídas as custas, que serão pagas pelo vencido), contudo, afirma o ilustre jurista que deverá o empregador indenizar o empregado "pelas despesas efetuadas com as viagens que este teve de realizar para obter o reconhecimento judicial de seu direito, bem como reembolsar-lhe com que despendeu com a remuneração de assistente técnico (tradutor, intérprete, perito-assistente e gastos com pareceres técnicos).*

Sendo litigante de má-fé o empregado, adota Wagner Giglio o seguinte critério: se estiver recebendo o benefício da assistência judiciária, nada pagará; caso contrário, deverá ressarcir os prejuízos processuais causados ao empregador.

Temos, no particular, pequena divergência.

Considerando a ofensa perpetrada pelo improbus litigator ao caráter ético do processo, acreditamos que a única indagação que deve ser feita diante do fato é se deverá ser punido, ou não, de acordo com os preceitos do processo civil. Desta forma, se foi o empregado quem agiu assim, ou é punido, ou não é. Eximi-lo de sanção processual só porque está recebendo assistência judiciária gratuita não nos parece, data venia, correto, pois não há nexo legal entre uma coisa e outra. Depara-se-nos equivocada qualquer argumentação no sentido de que a assistência judiciária tem eficácia para neutralizar as consequências que a lei prevê, em forma de sanção, para quem litiga de má-fé. A admitir-se isto, haveria, sem dúvida, uma profunda deflexão das razões finalísticas dessa assistência, que sabidamente foi elevada ao predicamento dos direitos e garantias constitucionais por outras razões (CF, art. 5º, LXXIV). De efeito, a isenção *de despesas que a assistência judiciária compreende não inclui, por certo, as que o litigante de má-fé deva, em tese, ressarcir à parte contrária, inocente. Em síntese: entendemos que nesta matéria (litigante de má-fé) não deve haver qualquer critério que envolva cindibilidade, pois o fato é um só; logo, ou se pune, ou não se pune.*

Deixemos claro, contudo, que pela nossa parte seguimos afirmando que, em nenhuma hipótese (isto é, seja quem for o litigante de má-fé, e pouco importa que se refira a indenização por perdas e danos ou por despesas processuais), deverão incidir no processo do trabalho as disposições insertas nos arts. 16 a 18 do CPC, em virtude da evidente incompatibilidade.

Que o tempo diga se estamos certos ou errados, neste modo de entender".

O tempo passou e revelou que o nosso pensamento sobre o tema era algo romântico; logo, pouco técnico. Hoje, são muito mais graves frequentes as violações ao conteúdo ético do processo, vale dizer, as transgressões aos deveres processuais a que se encontram legalmente submetidos os litigantes em juízo, de tal arte que seria insensato ignorarmos essa transformação da realidade.

Estamos a asseverar, portanto, a sujeição das partes às disposições do art. 77, do CPC, e às demais normas desse Código, respeitantes aos deveres a que se encontram jungidas e às sanções aplicáveis.

O fato de a parte (ou o terceiro) estar sendo beneficiária de justiça gratuita não a exime das consequências legais referentes à litigância de má-fé. Acima de tudo, deve ser estadeado o inalienável conteúdo ético do processo, como método estatal de solução de conflitos de interesses. Nem se ignore a particularidade de, nos tempos atuais – e ao oposto do que ocorria há alguns anos –, as partes estarem a demandar em juízo com o patrocínio de advogados, pessoas tecnicamente qualificadas para entender as disposições legais alusivas à litigância de má-fé.

Como emanação natural do dever de expor os fatos em juízo conforme a verdade há o dever de comparecer a juízo e de responder ao que for perguntado.

Dispõe o art. 843, *caput,* da CLT, em sua primeira parte, que "Na audiência de julgamento deverão estar presentes o reclamante e o reclamado (*sic*)..." não apenas para que o juiz possa tentar a conciliação entre ambos (CLT, art. 846, *caput*), mas, também, para que, rejeitada a proposta conciliatória, sejam interrogados (CLT, art. 848, *caput*), se este for o caso.

Este dever específico das partes decorre do dever genérico de colaboração com o Poder Judiciário para o descobrimento da verdade e do qual a ninguém é dado eximir-se (CPC, art. 378).

Por princípio, as partes devem comparecer *pessoalmente* à audiência; estabelece, porém, o art. 843, *caput da* CLT, com a redação conferida pela Lei n. 6.667, de 3-7-1979, que nos casos de "reclamatórias plúrimas" (*sic*) e de ação de cumprimento os empregados poderão fazer-se representar pelo Sindicato de sua categoria. Esse dispositivo, contudo, requer algumas considerações admonitórias. Primeiramente porque, nas denominadas ações de cumprimento (CLT, art. 872, parágrafo único), a entidade sindical age como *substituta* processual dos empregados por ela abrangidos — que são os verdadeiros titulares do direito material a que se relaciona a pretensão *in iudicio deducta.* Logo, não se pode falar, na espécie, em *representação* processual, como o fez, erroneamente, o artigo *sub censura.* Por outro lado, o legislador cometeu *odiosa restringenda* ao atribuir a representação judicial dos empregados (nos casos de ações individuais plurais, é certo) somente ao Sindicato, quando tudo sugeria que fizesse menção à *entidade sindical,* expressão designativa do *gênero a* que pertence a *espécie* Sindicato. Efetivamente, sabendo-se que estando a categoria inorganizada em sindicato, a sua representação — para efeito de celebrar acordo ou convenção coletiva (CLT, art. 611, § 2º), ou até mesmo para ajuizar ação (dissídio) coletiva (CLT, art. 857, parágrafo único) — compete às entidades sindicais de grau superior (federações ou confederações: CLT, art. 533), nada justifica o fato de o legislador haver *restringido a* representação do empregado, na audiência relativa à ação individual (embora plural), ao Sindicato.

Alvissareiramente, contudo, a doutrina e a jurisprudência, mais judiciosas, têm admitido que essa representatividade seja exercida pelas federações ou confederações, notadamente por aquelas.

Se, em virtude de doença ou de qualquer outro motivo *ponderoso* (e não "poderoso", como, estranhamente, passou a constar de algumas edições do texto da CLT), devidamente comprovado, o empregado não puder comparecer à audiência, estabelece a lei (CLT, art. 843, § 2º) que ele poderá fazer-se representar: *a*) por outro empregado que pertença à mesma profissão, ou *b*) pelo seu sindicato.

A despeito de o legislador ter aqui laborado com acerto ao referir-se à *representação*, cometeu a mesma erronia ao restringi-la ao sindicato.

Ausente o empregado da audiência, por qualquer dos motivos mencionados no § 2º do art. 843, entendemos que a representação, seja por outro colega que pertença à mesma profissão, seja por entidade sindical, somente terá eficácia para acarretar o adiamento da audiência, na medida em que a presença do autor, em juízo, continua sendo necessária, e por isso mesmo exigível.

Sendo *inicial* a audiência (conforme a praxe que, neste sentido, se constituiu), o não comparecimento injustificado do *autor* importará na extinção do processo sem resolução do mérito; se a ausência for do réu, será declarado revel, aplicando-se-lhe, concomitantemente, a "pena" de confissão quanto à matéria de fato (CLT, art. 844, *caput*), desde que isto seja possível. A propósito, é oportuno esclarecer que a confissão não é "pena", pois ninguém está *obrigado* a depor em juízo: há, quanto a isso, apenas, um dever. Ademais, os efeitos só poderão ser examinados por ocasião da sentença que compuser a lide; logo, é absolutamente equivocada a praxe, que se difundiu, de lançar na ata da audiência em que a parte deveria depor a "pena" de confissão. Este procedimento implica uma desautorizada antecipação do provimento jurisdicional de fundo. Posteriormente, adveio a Súmula n. 9 do TST, para esclarecer que "A ausência do reclamante, quando adiada a instrução, após contestada a ação em audiência, não importa arquivamento do processo", nem o poderia, por duas razões: contestada a ação, o réu adquire o direito processual de ver julgado o mérito, tanto que o autor, após isso, somente poderá desistir da ação como consentimento deste (CPC, art. 485, § 4º), cujos efeitos legais, ainda assim, só terão eficácia depois de a desistência ser homologada por sentença (CPC, arts. 200, parágrafo único, e 485, VIII).

Como a Súmula n. 9 só se preocupou com o efeito *para o processo* da ausência do autor à audiência, depois de contestada a ação, o TST deu a lume a Súmula n. 74, para complementar que "Aplica-se a pena de confissão à parte (logo, autor ou réu) que, expressamente intimada com aquela cominação, não comparecer à audiência em prosseguimento, na qual deveria depor".

Tratando-se do réu (que geralmente é empregador), rege o § 1º do art. 843, da CLT, que a ele será facultado fazer-se *substituir* (*sic*) "pelo gerente, ou qualquer outro preposto que tenha conhecimento do fato, e cujas declarações obrigarão o preponente". O deslize técnico do legislador, todavia, foi manifesto: a hipótese é tipicamente de *representação* e não de *substituição processual*, cujo conceito é inconfundível. Assim, o gerente ou o preposto, que comparecer a juízo em nome do empregador, não se torna *parte* na ação, se não que conserva a sua qualidade de mero *representante*.

Em ação (dissídio) coletiva, onde a entidade sindical representa os interesses da categoria a que corresponde, não há necessidade de as partes comparecerem à audiência de conciliação; tanto isto é exato, que estatui o art. 864 da CLT:

"Não havendo acordo, *ou não comparecendo ambas as partes*, o presidente submeterá o processo (melhor, ação) a julgamento..." (sublinhamos e corrigimos).

Na *substituição processual* (também dita legitimação processual anômala ou extraordinária) o empregado, titular do direito substancial, não comparece à audiência porque não é parte.

É claro que, no interrogatório, autor e réu devem responder às perguntas que lhes são formuladas pelo juiz, ou, por intermédio deste, a requerimento de seus representantes ou advogados (CLT, arts. 848 e 820).

Quando a parte, sem motivo justificado, deixar de responder ao que lhe for indagado, ou valer-se de resposta evasiva, caberá ao juiz, tendo em vista as demais circunstâncias e elementos dos autos, declarar, na sentença, que houve recusa de depor, segundo estabelece o art. 386 do CPC, em disposição aplicável ao processo do trabalho. Os efeitos da recusa de depor correspondem aos da confissão presumida.

Não deve o juiz consentir que a parte se valha, na oportunidade do interrogatório, de escritos adrede preparados; permitir-lhe-á, todavia, a consulta a breves notas, tendentes a completar esclarecimentos (CPC, art. 387).

Embora a parte deva responder sobre os fatos que lhe são perguntados, a própria lei (CPC, art. 388) excetua esse dever quando a indagação se referir a fatos: *a*) criminosos ou torpes, que são imputados ao interrogado, ou *b*) a cujo respeito ele deva, por estado ou profissão, guardar sigilo; c) sobre os quais não possa responder sem desonra própria, de seu cônjuge, de seu companheiro ou de parente em grau sucessível; d) que coloquem em risco a vida do depoente ou das pessoas mencionadas na letra "c", retro.

A exceção pertinente aos fatos criminosos ou torpes deve ser admitida *em termos* pelo processo do trabalho, pois em determinados casos há necessidade, por exemplo, de inquirir-se o empregado a propósito de *fato criminoso* que lhe foi imputado pelo empregador (furto, roubo, apropriação indébita, estelionato, agressão física etc.) e que foi apontado como motivo da dissolução do contrato de trabalho por justa causa, com fundamento no art. 482, alínea "*a*", da CLT (ato de improbidade). A não ser assim, estar-se-á prejudicando a instrução oral do procedimento e a investigação sobre a verdade real.

O art. 229, do Código Civil, desobriga a pessoa a depor sobre fatos: a) a cujo respeito, em virtude de estado ou profissão, deva guardar segredo; b) a que não possa responder sem desonra própria, de seu cônjuge, parente em grau sucessível, ou amigo íntimo (parentes em grau sucessível são: 1) na linha reta, os descendentes e os ascendentes; 2) na colateral, os parentes até o quarto grau); c) que o exponha, ou às pessoas referidas na letra "b", retro, a perigo de vida, de demanda, ou de dano patrimonial imediato.

1.2. Não formular pretensão ou de apresentar defesa quando cientes de que são destituídas de fundamento

Duas observações de caráter objetivo: a) o vocábulo *pretensão* parece ter sido utilizado, na frase, como sinônimo de petição inicial, e *o defesa*, como significante de contestação; b) a dicção do texto legal em estudo está incompleta, pois o que se exige é que tanto a pretensão quanto a defesa não sejam destituídas de fundamento *jurídico*, que pode estar materializado não apenas na lei, mas, também, na jurisprudência, nos costumes, nos princípios gerais de direito, em disposições de instrumentos normativos sindicais (acordo ou convenção coletiva), em normas internas da empresa etc. Em suma: que a pretensão e a defesa não traduzam ato arbitrário da parte.

Por mais forte razão não se admite que as postulações (agora, em caráter geral) formuladas em juízo sejam *juridicamente impossíveis*. A *impossibilidade*, no caso, diz respeito ao acolhimento e não à formulação em si.

1.3. Não produzir provas e não praticar atos inúteis ou desnecessários à declaração ou à defesa do direito

Tanto as provas quanto os atos que as partes ou terceiros pretendam produzir ou realizar em juízo se encontram vinculados ao requisito da *utilidade*, significa dizer, devem ser úteis ao resultado perseguido pelos litigantes: o acolhimento das pretensões ou a sua rejeição.

Por esse motivo, incumbe ao juiz indeferir não apenas postulações meramente protelatórias (CPC, art. 139, III), mas, também, as *inúteis*.

1.4. Cumprir com exatidão as decisões jurisdicionais, de natureza provisória ou final, e não criar embaraços à sua efetivação

Preocupado com o fato de que, na prática, muitas pessoas: 1) não vinham acatando as decisões dos órgãos do Poder Judiciário, ou estavam a deturpar o cumprimento dessas decisões; 2) estavam a criar embaraços à efetivação dos provimentos judiciais, fossem antecipatórios ou de mérito, provisórios ou finais, o legislador resolveu inserir no elenco dos deveres das partes o fiel cumprimento desses provimentos (CPC, art. 77, IV). Havendo desrespeito a alguns desses deveres, estará configurado o *ato atentatório à dignidade da justiça (art. 77, § 2º)*,- sujeitando o infrator ao pagamento de multa — a ser fixada pelo magistrado segundo a gravidade da conduta —, correspondente a vinte por cento do valor da causa, sem prejuízo das sanções criminais, cíveis e processuais cabíveis. Se a multa, após o trânsito em julgado da sentença de fundo, não for paga no prazo fixado pela decisão que a impôs, será inscrita como dívida ativa da União ou do Estado (*ibidem*, § 3º). Fica claro, portanto, que a multa *não* é estabelecida em favor da parte contrária. Dessas penalidades, entretanto, estarão isentos os advogados, públicos ou privados, e os membros da Defensoria Pública e do Ministério Público, "devendo eventual responsabilidade disciplinar ser apurada pelo respectivo órgão de classe ou corregedoria, ao qual o juiz oficiará" (*ibidem*, § 6º).

Parece-nos que a intenção do legislador foi fazer com que essa multa incida no processo de conhecimento e não, necessariamente, na execução. Assim dizemos, porque: *a*) o critério de cálculo é o valor atribuído à causa; *b*) na execução, há o ato atentatório à dignidade da Justiça, que autoriza o juiz a aplicar multa de vinte por cento do valor atualizado do débito (CPC, art. 774, parágrafo único); *c*) enquanto a multa prevista no art. 77, § 3º, do CPC, reverte para a União ou para o Estado, conforme seja o caso, a mencionada no art. 774, do mesmo Código, é aplicada em benefício da parte contrária, que, por isso, a poderá exigir no próprio processo de execução (*ibidem*, parágrafo único).

1.5. Declinar, no primeiro momento que lhes couber falar nos autos, o endereço residencial ou profissional onde receberão intimações, atualizando essa informação sempre que ocorrer qualquer modificação temporária ou definitiva

A necessidade de indicação, seja pelo autor, seja pelo réu, seja por terceiro, do respectivo endereço residencial ou profissional se destina a possibilitar ao órgão jurisdicional dar-lhes ciência dos atos processuais (citação, intimações, notificações e comunicações em geral).

Não praticar inovação ilegal no estado de fato de bem ou direito litigioso

O CPC de 1973 dispunha, no art. 879, que cometeria *atentado* a parte que, no curso do processo: a) violasse penhora, arresto sequestro ou imissão na posse; b) prosseguisse em obra embargada; c) *praticasse qualquer inovação ilegal no estado de fato da causa* (incisos I a III, respectivamente).

O *atentado*, no sistema daquele Código, estava inserido no rol dos procedimentos cautelares específicos (ou nominados).

É a um dos pressupostos do antigo *atentado* que se refere o inciso VI do art. 77, do CPC de 2015.

1.5.1. Inovação do estado de fato

Quando alguém deduz determinadas pretensões em juízo o faz com fundamento em fatos acontecidos no mundo sensível e capazes de produzir efeitos jurídicos. É conveniente rememorar que ficam fora da tutela jurisdicional do Estado as pretensões juridicamente impossíveis de serem atendidas, pois há, quanto a elas, um veto estampado no ordenamento legal.

Um princípio, portanto, pode ser tirado da afirmação que fizemos: os atos que deram origem à ação devem permanecer inalterados no curso do processo, exceto se a sua modificação for legalmente permitida. Poderíamos denominar a um tal princípio de "imutabilidade dos fatos" ou "estabilidade dos fatos da lide". Justifica-se essa imutabilidade porque, devendo o juiz aplicar, mediante sentença que componha a lide, a regra de direito relativa aos fatos narrados pelas partes, ficaria gravemente comprometida essa atuação da ordem jurídica se os fatos, que deram ensejo à invocação da tutela jurisdicional, pudessem ser alterados no curso da demanda. Daí por que a parte que inovar, *contra legem*, o estado de fato existente ao tempo do aforamento da ação, desrespeita o princípio mencionado.

Elementarmente, a *inovação ilegal*, para caracterizar a violação do dever a que se refere o inciso VI do art. 77, do CPC, deve concernir aos fatos da lide ou seja, à *res in iudicio deducta* na ação. Mais ainda: deve afetar os fatos *relevantes à causa, porquanto se a inovação, embora ilegal, disser respeito a fatos de nonada, não trará maiores consequências.*

É da parte contrária o ônus de provar que a outra está inovando, de maneira ilegal, o estado de fato da causa (CLT, art. 818). É bom elucidar que o ônus da prova, na hipótese, respeita à comprovação de que está havendo *inovação*, pois sobre ser ilegal, ou não, esse inovar é tarefa que compete ao juiz.

1.5.2. Ilegalidade do ato inovador

O delineamento do dever processual de que cuida o inciso VI do art. 77, do CPC, subordina-se não apenas à inovação do estado de fato, praticado no curso do processo principal, mas também à *ilegalidade* do fato inovante.

Segundo ponderamos algures, o adjetivo *ilegal*, com que o inc. VI do art. 77 do CPC qualifica o ato modificativo do *status litis*, não deve receber uma interpretação estritamente *literal* (= contrário à lei), pois se o ato produz efeitos lesivos ao direito e aos interesses do litigante adverso a esses direitos e interesses se encontram amparados por norma legal, é óbvio que, por extensão, o ato acaba agredindo a lei que os abriga.

1.6. Dever de praticar ato que lhe for determinado

Conquanto este dever não se encontre expresso no art. 77, do CPC, ele se encontra difuso no texto do referido Código. A propósito, o rol constante do art. 77 não é exaustivo, como revela a própria norma, ao dispor: "Além de outros previstos neste Código, são deveres (...)".

Devem, por isso, as partes cooperar, mediante a prática de atos necessários, para a busca da verdade *real* – sob o aspecto processual, esta expressão não traduz pleonasmo –, e para a formação do convencimento jurídico do magistrado a respeito dela. Ao magistrado, sobremaneira, interessa o descobrimento da verdade, mesma sabendo-se que ele deve, tecnicamente, ater-se à verdade dita *formal*, vale dizer, àquela que se constituiu nos autos do processo, pois o que não está nos autos não está no mundo, já advertida o vetusto apotegma de origem latina (*"Quod non est in autos non est in mundo")*.

A realização desses atos, porém, não fica circunscrita à iniciativa dos litigantes, podendo derivar de determinação do juiz.

Visando a esse objetivo processual, a lei faculta ao juiz ordenar, entre outras coisas, que as partes compareçam a juízo para: *a*) serem interrogadas (CPC, art. 385); *b*) exibirem documento ou coisa, que se encontre em seu poder

(CPC, art. 396); *c*) serem acareadas com testemunhas (CPC, art. 461, II); *d*) exibirem documento ou coisa a serem submetidos a exame pericial (CPC, art. 464); *e*) se submeterem à inspeção judicial (CPC, art. 481) e o mais.

Esses poderes diretivos também são conferidos aos Juízes do Trabalho, como se constata pelo art. 765 da CLT, que lhes faculta determinar qualquer diligência necessária ao esclarecimento das causas.

1.7. Outros deveres

a) de não utilizar expressões ofensivas nos escritos apresentados em juízo (art. 78);

b) de *urbanidade,* de acordo com o qual as partes devem tratar as testemunhas com respeito ("urbanidade", diz a lei), eximindo-se de formular-lhes perguntas ou considerações impertinentes, ardilosas ou vexatórias (CPC, art. 459, § 2º),

c) de abster-se de intervir ou apartear, sem permissão do juiz, quando estiverem depondo a parte contrária, o perito, os assistentes e as testemunhas (CPC, art. 361, II);

d) de *comportar-se convenientemente na audiência,* sob pena de o juiz determinar que se retirem da sala (CPC, art. 360, II);

e) de *não praticar atos atentatórios à dignidade da Justiça,* como ocorreria nos casos de fraude à execução (art. 792).

1.8. Deveres de terceiros

1.8.1. Dever de informar ao juiz

Também – e principalmente – no processo do trabalho compete ao *terceiro* informar ao juiz acerca dos fatos e de circunstâncias de que tenha conhecimento (CPC, art. 380, I).

Traga-se à baila, como fundamento legal desse dever, a expressão do art. 378 do CPC, de que ninguém se exime de colaborar com o Poder Judiciário para o descobrimento da verdade.

Pode o terceiro, contudo, recusar-se a prestar tais informações invocando sigilo profissional, sigilo bancário etc., em que pese ao fato de esta última hipótese não vir sendo admitida, acertadamente, pela Justiça do Trabalho.

O advogado poderá igualmente recusar-se "a depor como testemunha em processo no qual funcione ou deva funcionar, ou sobre fato relacionado com pessoa de quem seja ou foi advogado, mesmo quando autorizado ou solicitado pelo constituinte, bem como sobre fato que constitua sigilo profissional" (Lei n. 8.906/94, art. 7º, inc. XIX).

Como terceiro, devem ser entendidos, por definição, todos aqueles que não integram a relação jurídica processual como parte, sabendo-se que aí figuram como *sujeitos* o juiz, o autor e o réu. O juiz é sujeito d*esinteressado* do processo.

1.8.2. Dever de exibir documento ou coisa

O juiz, máxime o do trabalho (CLT, art. 765), pode determinar, *ex officio*, que a parte ou o terceiro exiba documento ou coisa que se encontra em seu poder (CPC, art. 396).

A parte que desejar essa exibição deverá: a) individuar, de maneira tão completa quanto seja possível, o documento ou a coisa; b) mencionar a finalidade da prova, indicando os fatos que se relacionam com o documento ou com a coisa; c) revelar as circunstâncias em que se baseia para afirmar que o documento existe e que se encontra em poder do adversário (CPC, art. 397, I a III, respectivamente).

Caso o terceiro, sem justo motivo, se recuse a efetuar a exibição o juiz determinará: a) que ele proceda ao depósito do documento ou da coisa em cartório ou em outro lugar apropriado, fixando-lhe o prazo de cinco dias para isso; b) que o requerente ressarça o terceiro das despesas que realizar em decorrência do atendimento à ordem judicial (art. 403, *caput*).

Vindo o terceiro a descumprir a ordem, o juiz expedirá mandado de apreensão, requisitando, se necessário, força policial, sem prejuízo de responsabilidade por crime de desobediência, pagamento de multa e de outras medidas de caráter indutivo, coercitivo, mandamental ou sub-rogatório, necessárias para efetivar a decisão (*ibidem*, parágrafo único).

O juiz não admitirá a recusa se: a) o requerido tiver obrigação legal de efetuar a exibição; b) o requerido tiver feito menção ao documento ou à coisa, no processo, com o objetivo de constituir prova; c) o documento, por seu conteúdo, for comum às partes (CPC, art. 399, I a III, nessa ordem).